今どき会社がうまくいく

精神障害者雇用

法定雇用率達成！
メンタルヘルス環境も整う

サルタント
田村倫世

みらいPUBLISHING

はじめに

本書を手に取っていただいた方の中には、障害者の法定雇用率の引き上げ対応に頭を悩ませている方が多いのではないでしょうか？「精神障害者雇用は難しい」と感じている人も少なくないかもしれません。

しかし私は、企業視点と福祉視点の両方を取り入れると、企業も障害のある人も、ともにうまくいく、さらに企業風土も良くなり、良い影響を及ぼすと思っています。「そんなはずはない」と思われる方が多いかもしれませんね。でも、精神障害者が辞めない組織風土は、全ての社員にとっても良い職場環境でもあると思います。会社全体のメンタルヘルス対策もできているということになり、メンタル不調者も減るでしょう。

なぜそのようなことをみなさんにお伝えすることができるのか、まずは私の経験を紹介させていただきます。

私は、企業の人事や福祉業界で、精神障害者をはじめ、社会生活に課題のある方の就労に20年ほど関わっています。現在は障害者雇用の専門家として、企業の障害者雇用や、障害者を取り巻く雇用環境の改善をする仕事をしています。さまざまな企業で、障害者雇用でお悩みの経営者や人事担当者、ダイバーシティ推進担当者などにアドバイスもおこなってきました。なぜそのような仕事をするようになったかと言うと、メンタル不調社員の対応で、どうにもうまくいかないという経験をしたからです。

20年ほど前、私は企業で人事担当をしていました。当時は障害と言えば身体障害や知的障害しかあまり認知されていない時代でしたが、そんな頃に会社でうつ病など心の病気で休職や退職する社員が増えてきました。会社としてどう対応するべきかの情報も少なく、うまく対応もできずに、どうにもやるせない気持ちになったりすることがありました。

「心の病気になる前に食い止めたい、心の病気のある社員のメンタルを安定させたい」という思いから、産業カウンセラーやキャリア・コンサルタント資格を取得しました。社員に心の健康を保ちながら働いてもらいたいという一心で取った資格でしたが、人事の権限は人の雇用や配属に関してなので、本当の意味での「サポーター」になるのは難しいのではないかと思うようになりました。

やがて、もっと当事者に寄り添った労働者側のサポートをしてみたいという思いから福祉業界に転身し、就職困難者と言われる障害者や長期離職者、引きこもり、生活困窮者などの就職や、メンタル不調による求職者の復職をサポートするカウンセラーになりました。

「ソーシャル・インクルージョン（社会的包摂）」という言葉があります。これは、「すべての人々を孤独や孤立、排除や摩擦から援護し、健康で文化的な生活の実現につなげるよう、社会の構成員として包み支え合う」という理念です。

この言葉を初めて知ったのは、この頃のことです。社会から排除されている人たちがたくさんいるということを痛感しました。本人がどれだけ努力をしても、支援者がどれだけ手を尽くしても、社会の扉が開かないということを目の当たりにしてきました。社会の扉とは、〝企業が受け入れない〟ということを指しています。

また、精神障害者を雇用する企業へのアドバイスもするようになり、あることに気づきました。それが、企業視点と福祉視点の両方を取り入れると、企業も障害のある人も、両者ともにうまくいく、ということです。

そのノウハウを実際に自分でも試すべく、私は再び企業の人事に舞い戻りました。そして、企業視点と福祉視点の両方を取り入れた採用活動や、就労の定着をサポートすることで、2年以内の離職がなくなりました。精神障害者が辞めない職場を実現することができたのです。

精神障害者が辞めない職場は、人への配慮や気遣いができていることが多く、配慮が習慣化されていることもあります。人に優しい職場はメンタルが安定し、障害の有無に関係なく働きやすい職場になり、安心してパフォーマンスを発揮することができるのです。

最近では、障害者雇用に関する書籍は少ないながらも発行されています。でも、「なんとなく概要はわかったけど、それで、何からどうすれば良いの？」と思うことはないでしょうか？　なぜなら、社内でどのように動けば良いかを具体的に示した本がないからです。私自身も以前は「で、何をどうすれば良いの？」と思っていました。そこで、本書では **「企業で障害者雇用に関わる方が、実際にどのような立ち位置で、どんな手順で進めていけば良いのか」** を示しています。ぜひ精神障害者の社会への扉を開いていただきたく、ここでは企業の立場でのノウハウを書いています。障害当事者の方には、だいぶ辛口な表現もあるかもしれませんが、ご了承ください。

精神障害者雇用をきっかけに、良好な人間関係を築ける職場にするためには、採用活動が重要です。**採用の失敗談やその解決法**も書いています。様々な企業の状況があり、いろいろな考えや手順があると思います。ですので、これが絶対正解！という手順はないのかもしれませんが、少なくとも私は本書で示す方法でうまくいっていますので、本書を参考にしていただければと思います。

また、**離職防止の方策についても、具体的にお伝えします。**私が「短期間での離職者ゼロ」を実現したノウハウを、これも事例も含めケース別にご紹介していますので、ぜひ参考になさってください。

もちろん法律の遵守は大切ですが、そのためだけの障害者雇用はお互い不幸です。数字は意識しつつも、せっかく縁あって採用した人には、イキイキと自分らしく働いてもらいたい。その結果として、企業にも貢献してもらいたいと思いませんか？

精神障害者の採用を成功させ、障害者法定雇用率の達成とともに、社内の人間関係や労働環境を改善することで、全ての人が働きやすい職場形成を実現させて、会社の発展につなげていきましょう。

今はまだ半信半疑だと思います。重々承知しています。斜に構えながらでも結構ですので「そんな方法があるなら聞いて（読んで）みようじゃないか」と思ってもらえればうれしく思います。

精神障害者雇用支援コンサルタント
精神保健福祉士　公認心理師　キャリアコンサルタント
田村倫世

もくじ

第3章 法定雇用率にどう向き合うかを考える

第4章　採用の前に～受入準備として大切な5つのこと

第5章　募集に際して～定着率を高める6つのポイント

第６章　離職率を下げる『定着支援』の方法とは？

第1章

モニタリング力が職場のチーム力を高める

雇用現場に潜む「負のスパイラル」

ＩＴ技術の発展から、近くにいてもコミュニケーションはパソコン上ということが多くなった時代。さらにコロナ禍でテレワークが急速に普及し、対面でのコミュニケーションの機会が少なくなってしまいましたよね。

そんな状況なので、人間関係が悪くはなくとも、かなり希薄になっているということがあるのではないでしょうか？　また、成果を求められ、仕事に追われ、余裕がないと、人のことにかまっていられません。自分のことで精一杯！　という状況が増えたのではないでしょうか。いつも退職理由の上位に挙がる人間関係ですが、悪いだけでなく希薄であることもストレスの要因となります。

そんな希薄な関係の職場も、精神障害者雇用をきっかけに変えることができるのです。

「そんなバカな～」「そんなはずはない！」という声が聞こえてきそうですが……。

そう言われるのも重々わかります。本書をお読みのみなさんの中には、精神障害者雇用で大変な経験をした方もいるのではないでしょうか？　人間関係が良くなるどころかトラブル続き。精神障害者と関わる社員が逆にメンタルを病んでしまった、なんてこともあったかもしれません。

私も過去に、精神障害者の身近にいる社員のメンタルが落ちる現場を何度も見てきたので、みなさんのおっしゃる気持ちはよ〜くわかります。残念ながら、精神障害者雇用がうまくいかない会社では、職場の雰囲気が悪くなっていたり、人間関係が悪くなっていたり、退職者が増えたりして、負のスパイラルに陥ることがあります。それほど対応が難しいとも言えるのですが、うまくいくと会社全体に良い影響を及ぼすからこそ、精神障害者の雇用にチャレンジしてもらいたい！　そして、メンタル不調者の対応がうまくできるようになってもらいたい！　と強く願っています。精神障害者雇用がうまくいくと、負のスパイラルから抜け出し、人間関係が良くなって職場の雰囲気が良くなるのです。

仕事で抱えたストレスが「声かけ」で救われた経験

「何が人のストレスを軽減するのか」に初めて気づいたのは、心の病気など精神障害を理由に休職している人をサポートするリワーク施設で、カウンセラーをしていたときでした。理解していただきやすくするために、まずはリワーク施設についてお伝えします。

リワーク施設では利用者が毎日通所し、さまざまなプログラムを受けながら復職の準備をします。私がいた施設では、自己理解、病気についての基礎知識、自身の症状の理解、体調のコントロールの方法、認知療法、アサーティブなコミュニケーション、ソーシャルスキルトレーニングなど様々なプログラムをおこなっていました。

もちろんプログラムの内容も大切ではありますが、通所することで身につく体力や精神力の回復、規則的な生活習慣も重要な要素となります。自宅で静養しているとあまり動かなくなるので体力が落ち、人との交流がないので精神力も落ちてしまいます。希薄な関係性であっても社会生活を送っていると、多少なりとも気を遣ったり、空気を読んだり、遠慮したり、無意識にも精神力を使っているのです。人と交流することで培われる精神力って本当に大切です。精神力を養っておかないと、社会復帰するとグッタリして、精神障害の症状を再燃させることにつながりかねません。

また、生活習慣においては、不眠などを理由に昼夜逆転の生活になっている人も多く、一定の時間に出かけ、人と交流をするということは思いのほか大切なのです。

どんな仕事でもストレスはかかりますよね。しかも精神障害のある人と関わるのはとても繊細で精神力を使います。関わり方次第では、病気を悪化させかねないという心配もあります。また、休職者の会社の規定には休職期限があるので、期限を超えても復職できなければ失業することになり、人生の大切なときに関わる責任もあります。しかし、病気と対峙するのでもちろん計画どおりにうまくいかないこともあります。

リワーク施設では、復職人数の目標値がありました。また、抱えている人数も多く、次々に利用希望者が来るので、「復職できる人は早く復職してもらいたい」という施設側の本音がありました。

一人ひとりの体調や状況に合わせ、個別に支援計画を立てるのですが、計画どおりになかなか進まず、悶々としていたときのことです。

「田村さん、なんか元気ないけど大丈夫？」と、同僚のカウンセラーに声をかけられたのです。元気のない自覚は全くありませんでした。でもそうやって話しかけられたことで、「実は○○さんがこういう状況でカクカクシカジカ……」

と、話すきっかけができたのです。すると、それを聞いた先輩カウンセラーが、「前に似たようなケースがあったけど、こんな風にしたらうまくいったよ」とか、「○○

について聞いてみたら意外と原因がわかるかもよ」とか、いろいろな経験談やアドバイスをくれたのです。

ケース会議は定期的に開いていましたが、毎日ではありません。また、抱えているケースが多いので、会議で伝えきれないこともあります。声をかけてもらったことで、一人で悶々としていたのが、周りに〝こぼす〟ことができ、ストレスが軽減されたのです。先輩カウンセラーの声かけにより、何度心が軽くなったかわかりません。

「愚痴は言うべきではない」という考え方もあると思いますが、愚痴であっても思っていることを話し、聞いてもらうことの大切さをこのとき初めて知りました。

「モニタリング」の力で働く仲間のストレスを軽減

リワーク施設では担当のカウンセラーがつきます。カウンセラーは利用者の気分や体調の変化、生活リズムの確認、プログラムの実施状況や集中力の変化、対人関係の様子などを確認します。日々観察することで、現在の課題は何か、何に気をつけないといけないかなどを見て、支援に活かしていきます。

この日々の様子や、いつもとの違いを観察することを「モニタリング」と言います。この「モニタリング」と言う言葉は、福祉業界にいた頃によく使っていました。カウンセラーは、職業病のように「モニタリング」が習慣化されていました。すると、私が先輩カウンセラーから「元気がないけど大丈夫？」と、声をかけられたように、利用者だけでなく同僚にまでモニタリングが活かされ、同僚のちょっとした変化にお互い気づくようになっていたのです。私自身、このカウンセラーの職業病とも言えるモニタリングに何度も助けられました。

「わざわざ言うほどのことではない」というストレスや悩みがあるかと思います。でも、話しかけられることで、わざわざ言うほどのことでなくても、言うきっかけができるのです。これはとても大切だということに気づきました。「言うほどのことではない何か」は、小さなストレスを抱えた状態です。それがクリアにならない限り、その小さなストレスは抱えたままとなります。その上、さらに他の小さなストレスがどんどん加わっていき、仮に「小さなストレス×10」となると、抱えているストレスの一つひとつは小さくても、総量は大きいということになります。ストレスマネジメントにおいては、小さなストレスのうちに解消しておくことが大切なのです。

私が所属していた施設には、10名ほどのカウンセラーがいましたが、みんなモニタリングが習慣化されていたので、お互いの日々の変化を敏感に感じ取り、お互い小さなストレスを解消し合うということができていました。精神障害者の社会復帰に向き合う同志として、良い関係が築けていました。

「同じことを会社でもやれば良いんだ！」と思いました。

お互いをモニタリングして声をかけると、みんなの小さなストレスをお互い早いうちに摘み取ることができます。コミュニケーションが生まれるだけなく、本音トークが出てくることもあるので、希薄になった人間関係の改善にもつながっていきます。

退職理由に多い人間関係を改善することができれば――？

離職率が下がり、欠員補充にあくせく採用活動を続ける必要がなくなります。また、他者を思いやる心遣いから仕事上でも助け合い、力を合わせて業務に取りかかる組織風土になれば、ステキだと思いませんか？

精神障害者の採用が社員のモニタリング力を磨く

私は福祉業界で身につけたモニタリングが習慣化されていたので、精神障害のある人に対してだけでなく、障害のない社員にも無意識に使っていました。例えば明らかにイライラしているように見える人がいると、

私「仕事大変そうですね。大丈夫ですか？」

同僚「こんなトラブルがあってカクカクシカジカ……」

と、話すきっかけができます。

「手伝えることがあれば言ってくださいね」と声をかけた結果、人海戦術でなんとかなるような仕事を頼まれ、他のメンバーにも声をかけ、みんなで力を合わせてあっと言う間に終わらせることができた、ということもありました。

福祉業界で日々精神障害者と関わっていると、モニタリング力が磨かれます。そして、モニタリングは習慣化されるので、障害の有無に関わらず周りの人の変化に気づけるようになり、声かけをすることで「小さなストレスを摘み取る」きっかけになるのです。

精神障害者雇用は、モニタリング力を身につける機会になります。「精神障害は、身体障害や知的障害のある人より対応が難しい」と思っている企業の方は少なくありません。でも、人を思いやり配慮ができる人材を育てるために、精神障害者雇用にチャレンジしてみてはいかがでしょうか？

モニタリング力を磨くためには、既存社員で精神障害のある人の対応よりも、新たに採用する精神障害者の対応の方が難易度が低いと感じています。なぜなら、就職するために就労移行支援事業所などでしっかり準備し、自己理解や病気と上手につき合う方法などをある程度身につけ、症状がおおむね安定している人を採用することができるからです。そのような人に配慮をする方が、既存社員で精神障害やメンタル不調になった人への配慮より、ずっとハードルが低いのです。

精神障害のある新入社員を取り巻く社員のモニタリング力が磨かれ、それがお互いに連鎖し、声をかけ合い仲間を思いやる組織風土になったとしたら、チーム力の高い組織になるのではないでしょうか。

ただ、そのためには症状が安定した精神障害者を採用しないと、難易度が上がり、うまくいかなくなってしまいます。会社で活躍してもらえる精神障害者を採用するためには、採用の手順が重要です。そのため、採用から定着までの手順やポイントを次の章からお伝えします。私が障害者雇用を担当する職場では、精神障害者の採用後、2年以内に辞める人はほとんどいません。この手順通りに進めてもらえれば、「精神障害者はすぐ辞める」の呪縛から逃れられ、かつ、社員にモニタリング習慣を身につけてもらう機会になることでしょう。

「モニタリングからの声かけ」が希薄な人間関係を改善

会社は複数のチームで成り立っており、チームワークは重要です。自分のことだけでなく、チームのメンバーにも意識を向けることは大切です。その一歩を踏み出すきっかけが精神障害者の採用・配置になります。

もともと面倒見の良い社員は、「モニタリング」を意識しなくても空気を読んで周りの人に配慮しているかもしれませんが、自分のことで精一杯で、周りに意識を向ける余裕すらない人の場合も、精神障害者の配置後、会社から「モニタリング」を求められることで、周りに意識を向けるようになります。特に管理職の場合、人事考課もあるので見ないわけにはいかないでしょう。

周りに意識を向けられるようになるのは大きな進歩だと思いますが、さらに「モニタリングで気づいたことを「声かけ」することが重要です。「声かけ」でコミュニケーションが生まれるからです。

「モニタリングからの声かけ」は、話すきっかけづくりになるだけでなく、周りの人の様子の違いに気づいて声をかけるので、「見てくれているんだ！」と勇気づけることにつながります。すると、相談しやすくなり、より深いコミュニケーションが生まれます。

モニタリングで違いに気づいた場合、その人は困ったことや悩み、不安、体調不良などがある可能性があります。なんらかのストレス要因があると考えられますが、そのストレス要因を共有でき、解決に向けて対処できることもあり、大げさかもしれませんが、「窮地を救ってくれた恩人」と思われることだってあるのです。そんな関係だと信頼関係も構築され、知らない間に職場での人間関係が良くなっているのです。

ちなみに、モニタリングでストレス要因に触れることもありますが、逆に良いことに触れる場合もあります。

私の同僚で、なんだか雰囲気が明るくなり、あか抜けたように見えたことがありました。「ん？　恋愛でもしてる？」と思いましたが、職場で恋愛の話を直球で投げるのはどうかと思い、「最近、明るくなったような気がするんだけど、何か良いことあった？」と聞きました。すると、「婚約した！」と言われました。本人も結婚すると浮かれているのはどうかと思い、言うタイミングを逃していたようでした。

気持ちが上がっているときも、下がっているときも共有でき、自分のことを知ってくれている関係性が築けている職場は、相談や意見がしやすい、チーム力の高い職場になっていることでしょう。

第2章

「個性の見極め」と「環境調整」、わかりやすい2つの観点

マルチタスクを避けた環境調整で離職を防ぐ

モニタリングと声かけは、希薄な人間関係の改善につながるとお伝えしましたが、では、モニタリングと声かけさえすれば精神障害者雇用はうまくいくのか、と言うと、そういうわけではありません。実は、向かない環境というものがあります。たとえ人間関係が良好であっても、向かない環境だと離職率は上がってしまいます。そこで、精神障害者が向かない環境をお伝えしますが、その前に一つ覚えておいていただきたいことは、精神障害の症状は十人十色ですので、これさえ気をつければ大丈夫！　というような明確な対処法はないということです。あくまでも多くの方の傾向や、「このような傾向のある方は」という条件付きでの説明になりますので、パターンの一つとして覚えておいていただければと思います。

前置きが長くなりましたが、まず向かない環境は、自分のペースが維持できない職場やポジションです。例えば、接客業はお客様のタイミングに合わせることになり、自分のペースが保てません。予約制ではない接客業だと来られるタイミングもお客様次第になり、振り回されてしまいます。

例えばアパレルの販売員ですと、予約もなくお客様が来店され、接客している間に他のお客様に話しかけられたり、レジに入ったり、臨機応変にマルチタスクをこなさないといけません。これが同じ接客業でも、一定のタイミングで同じ業務をやり続けるレジなどは、シングルタスクになるのである程度自分のペースを守ることができるでしょう。たまに接客業は精神障害者には不向きだと思っている方をお見かけするのですが、すべての接客業が不向きなわけではありません。

完全なシングルタスクの業務は、業務の切り出しが難しいかもしれませんが、「ある程度のシングルタスク」で大丈夫です。例えば、ファストフードのレジは、会計だけでなくドリンクの準備などもあり、シングルタスクではありません。ところが、一人のお客様の対応をし、終われば次のお客様というように、同時に並行して何人ものお客様の接客をする必要がないという点で、シングルタスクのくくりとして捉えても良いでしょう。実際、マルチタスクが苦手と言われる発達障害の方も、ファストフードのレジカウンター業務は問題なくできるという人もいます。

業態ではなく、職種やポジションがマルチタスクかシングルタスクか、どちらの傾向かが重要です。配属を検討するときはぜひ、シングルタスクを意識しましょう。

ここで、みなさんの職場で意外とやりがちな配置ミスをご紹介します。多くの会社では、精神障害のある社員はお客様と直接接することのない職種が良いと考え、事務職などに配置する会社があります。その点はおおむね正解だと言えるでしょう。前出のアパレル販売員の例のように、接客業はマルチタスクになることが多く、臨機応援な対応を求められ、自分のペースを守ることが難しいので、避けた方が安心です。ただ、注意していただきたいのは、事務職なら良いというわけではないということです。あくまでもシングルタスクかどうか、自分のペースを守れるかどうかが重要です。事務職でも受付や電話対応の多い職場だと自分のペースが守れず、常にマルチタスクで業務をおこなっていることになります。ここで事例をご紹介します。

ケース1 「できない」と言えないがんばり屋さんの問題点

人事総務部に所属の佐藤さん（仮名）。うつ病で休職し、復職後もたびたび休むなど勤務が安定しません。出勤したときはうつ病を感じさせない雰囲気で、人当たりが良く、事務スキルも高いがんばり屋さん。周りの人は仕事が忙しいことを気遣い、事務所の受付や電話に誰よりも率先して出てくれるので、好感をもたれています。「ただ休まず出勤さえしてくれれば申し分がない」と思われています。でも、そんな会社の思いとは裏腹に、どんどん体調不良による休みが増えていき、有期雇用だった佐藤さんは出勤率が低かったため、契約更新になりませんでした。

この事例では、どこを改善すれば良かったか、考えてみましょう。

実は、佐藤さん自身も、職場環境も、どちらも改善が必要な事例です。

まず、佐藤さん自身の改善点についてご説明します。佐藤さんはがんばり屋さんで、自ら進んで積極的に動くことができる素晴らしい人です。でもこの佐藤さんのような「気働きが細やかな、がんばり屋さん」はメンタル不調になるリスクが高いのです。がんばりすぎて疲弊してしまい、体調に影響が出てしまいます。また、周りを気遣う空気を読める人というのは、周りを敏感に感じ取っているとも言えるので、周りにも意識を向け疲れやすさにもつながってしまいます。とは言え、佐藤さんに「空気を読むな」と言っても難しいでしょう。性格でもありますし、長所でもあるので、そこをなくすことは個性をつぶしてしまいかねません。

佐藤さんに必要なことは、どの程度動けば疲れてしまうのか、自分の体調と活動量を調整できるようになることです。もし、元気でいられる許容量を超えそうなら、周りの人に助けを求めることも必要です。佐藤さんのような方は「できない」と言えない、助けを求められない、あるいは休みがちな罪悪感から出勤したときは人一倍がんばってしまう、などの傾向がある可能性があります。

こうした方は、精神科や障害者職業センター等がおこなっているリワークプログラムを受けると良いでしょう。余力を残して活動する練習や、自分の考え方や行動の癖を知る機会になるので効果的です。

次に、佐藤さんの職場が必要だった改善点についてご説明します。がんばり屋さんの佐藤さんに「がんばるな！」と言っても無駄なことはおわかりだと思います。職場としては、がんばらない環境をつくることが必要です。与えられた仕事を自分のペースで淡々とできるよう配慮するのです。佐藤さんは人当たりの良さから受付や電話対応は一見向いているように見えますが、うつ病で空気を読むがんばり屋さんの特徴から疲れやすさにつながってしまいます。ですので、たとえ職場が助かっていたとしても、受付や電話対応の仕事から離れられるよう配慮しましょう。例えば、受付や電話機から遠い席にするなど、物理的に離すと良いでしょう。

受付と電話対応で精神障害の症状を悪化させる人がいるので、注意が必要です。何度も言いますが、自分のペースで、かつ、シングルタスクでできるかを見ていきましょう。誤解のないようお伝えしますが、すべての精神障害者が受付と電話対応を避けないといけないわけではありません。冒頭でお伝えしたとおり、それぞれの症状にもよるので、体調がかなり安定していて、多少のマルチタスクが可能な方はこの限りではありません。佐藤さんのように復職したての人や、メンタル不調により休みがちな人、マルチタスクが苦手な発達障害の方などは避けた方が良いでしょう。

ちなみに、障害の有無に関わらず、マルチタスクが苦手な人は少なからずいます。みなさんいろいろな業務を抱えていると思いますので、多くの方はマルチタスクで仕事をしていると思います。しかし、マルチタスクが苦手な人の場合、抜け漏れが出たり、予定通り進んでいなかったりということはないでしょうか？　障害がないからといって配慮しないのではなく、精神障害者に配慮するように、マルチタスクが苦手な人にも配慮してはいかがでしょうか？

もちろん多くの社員にシングルタスクで業務を割り振るなんてことは難しいでしょう。「そんなことできるか！」と言う声が聞こえてきそうです。ですので、マルチタスクは避けられなくても、苦手な人にはタスクの優先順位や期限を示し、全体を可視化すると、問題なく業務が遂行できるようになることもあります。

それぞれの個性に合わせた配慮ができると、障害の有無に関係なく社員がイキイキと自分らしく働いてくれることにつながるでしょう。この「配慮」は、精神障害者雇用をするとどんどん身についていくので、そういう点でも精神障害者雇用は雇用する側のスキルアップにもつながるのです。

一人になってしまう環境を避け、離職を防ぐ

マルチタスクなど精神障害者に不向きな業務についてお伝えしましたが、今度は職場環境についてお伝えします。

例えば営業所など、少人数で外回りの仕事の人が多い職場では、事務職の方が日中ぽつ

んと一人でお留守番、なんてことがあると思います。この一人でお留守番をするような環境は、周りに気を遣うことがないので気が楽だという人もいると思いますが、精神障害者にはあまり向いていません。なぜなら、一人の間に電話対応や来客対応があるからです。

来客はアポがない限り宅急便等の受け取り程度で済むかもしれませんが、とは言え何か質問されることがあるかもしれません。また、電話対応では予期せぬ電話が入り、緊急に連絡しないといけないのか、後で折り返せばいいのか、瞬時に判断して臨機応変に対応していかないといけません。マルチタスクになる上、判断力や対応力が求められます。判断に迷う場合、すぐに聞く人がいないということもストレスを強化してしまいます。精神障害のある方の中には、自分で考え行動するということが弱い方がいるので、一人で瞬時に判断して対応を求められるお留守番事務は向かないのです。ここで事例をご紹介します。

ケース2　営業所での「一人お留守番」で退職に至ったケース

ある会社が障害者の法定雇用率遵守のため、障害者を複数名採用しないといけない状況でした。そんなとき、ちょうど人手不足で人を増やす必要のある営業所があり、精神障害者を雇うことになりました。営業所長も人を増やしてもらえるなら助かると思っています。

そこで採用された四十代男性の山本さん（仮名）。名門大学を卒業後、就職した会社でうつ病を発症し、退職。しばらく療養生活を送っていたため、久しぶりの社会生活です。会社は名門大学卒業の良い人を採用できたと喜んでいました。

五名の営業担当がいる営業所の事務職として入社。事務の仕事は山本さんにとっては難なくこなせる内容だと思っていましたが、久しぶりの社会復帰のためか、あるいは病気のせいか、集中力が落ちているようで、ところどころ間違い、たびたび注意されていました。

五名の営業担当からそれぞれ注意されるため、毎日誰かから注意されるようになり、やがて怖くてわからないことがあっても聞けなくなってしまいました。営業担当の社員がみんな外回りに出ていなくなるとホッとしましたが、電話がかかってきてもどう対応していいかわからず、対応に問題があるとまた注意されます。そのうち電話があったことを報告するのが怖くて報告しなくなったことで、営業担当は怒り心頭。厳しく注意するようになりました。山本さんはうつ病の症状が悪化して休みがちになりました。そのうち数週間連続で休むようになり、退職に至りました。


さて、このケースの場合、何が問題で、どのように対処すれば良かったでしょうか？

まず、山本さん自身の課題として、社会復帰してすぐからミスが多く、集中力が落ちていたことです。もしかしたら社会復帰が時期尚早だった可能性があります。仕事をする負荷をかけても大丈夫な体力や集中力を就職前に訓練する必要があったかもしれません。もし十分な体力や集中力があったのにミスが多いなら、ミスをしない工夫が必要だったと考えられます。

職場としては、一人お留守番のような環境を避けた方が無難ですが、会社の方針として配置された場合に、山本さんに対してできる配慮の例は次の4点です。

①ミスの原因と対策を考える。場合によってはやり方を変えたり、チェックリストやマニュアルを作るなど、ミスをなくす工夫をします。

②担当者をつける。いろんな人からいろんなことを教わると、人によって教え方が違ったり、誰がどこまで説明したかわからなくなることがあります。また、注意をするのも担当者からするようにしないと、一つのミスに対して複数のメンバーから注意され、何度も同じことで注意されるということにつながりかねません。一つのことで何度も注意されたら気分が滅入りますよね。それを避けるためにも担当者をつけると良いでしょう。

③可能なら全員が外に出てしまうという状況を避ける。どうしても無理なら、電話がかかってきたときの対応を決めておきましょう。例えば、不在時の電話は営業担当から折り返すというルールにして、それを伝える方法やタイミングもある程度決めておくと安心です。

④定期的に面談をし、体調や困っていることなどを聞き取ると良いでしょう。体調不良に早い段階で気づき、対応することができます。

精神障害者の配置で避けた方が良い環境はありますが、避けられないこともあると思いますので、その場合はこのように対応を工夫することで、精神障害による症状の悪化を防ぎ、辞めずに済むことも多くあります。

ところで、障害の有無に関係なくミスの多い人や、瞬時に判断し対応するのが苦手な人が会社にいるのではないでしょうか？　この人は障害者だから配慮するけど、この人は障害者ではないから配慮しないなど、障害の有無で区別するのではなく、その人の特性に合わせると適応しやすくなります。前項の事例でもお伝えしましたが、精神障害のある方への配慮を考え対応ができるようになると、障害のない社員の個性にも対応できるようになり、いわゆる「対応が難しい社員」を伸ばすことができるようになるでしょう。苦手意識をもっていることや、できなかったことができるようになると、うれしいものです。精神障害者への配慮は、障害のない社員を伸ばすスキルをも身につけられるのです。良いと思いませんか？

精神障害者が辞めなくなる「個性の見極めとモニタリング」の効果

ここまで、精神障害者を雇う上で最低限おさえておいた方がいい環境（①マルチタスクを避ける、②一人ぼっちで聞く人のいない環境を避ける）をお伝えしてきました。しかしながら、冒頭でお伝えしたとおり、精神障害のある方全員に対してこのように対応すれば良いですよ、というわけではありません。精神障害のある方はマルチタスクや一人ぼっちで聞く人のいない環境に不向きな人が多いですが、中にはそうでない方もいますので、この知識をベースに持ちつつ「この人の場合はどうかな？」と、最終的にはそれぞれの個性を見ることが必要になります。

「こうすればいい」と明確な解答が欲しい気持ちはよくわかります。でも、精神障害の症状は人それぞれなので、一括りにすることに無理があるのです。

精神障害者雇用で必要なことは、個性の見極めとモニタリングです。これは障害の有無に関わらず、会社として必要なスキルではないでしょうか。それぞれの社員の個性と環境や仕事をうまくマッチングすれば、すばらしい能力を発揮したり、成果につながったりしますよね？　特に会社の人事を考える方ならよくご存知だと思います。

この個性の見極めとモニタリングは、実は就労移行支援事業所など福祉の現場では常におこなわれています。どんな個性で、どんなことが苦手か、障害特性や、特性が出やすい状況、精神障害の症状が出たときの対処法などを支援者が把握しています。その上で、本人が今どんな状況かを日々モニタリングしています。「最近体調良さそうだったけど、今日は元気がないな。どうしたのかな？」という具合です。そして、感じ取ったことを聞き取り、その日の本人の状態に合わせた活動量や環境になるよう配慮しています。ですので、就労移行支援事業所等の福祉施設にいる間は体調がおおむね安定されている方も多いのです。なぜなら、体調が多少悪くなることがあっても、どんと崩してしまう前に対処しているからです。

この福祉のモニタリングを会社でもすれば良いのです。

私は10年以上、人事を担当してきました。当時は精神障害者の対応がさっぱりわかりませんでしたが、福祉業界に転職したことでこのモニタリングのすばらしい効果を知りました。これを企業で試すべく再び転職し、企業の人事で障害者雇用を担当しました。そして、自身の習慣化された「モニタリング」を活かして精神障害のある社員と接することにしました。

精神障害は、病気の症状として気分や体調の波があります。病気の症状でもあるので、気分や体調の波があることが悪いわけではありません。〝波はあるもの〟と思ってうまくつき合っていくことが大切です。この〝気分や体調の波〟と本人がうまくつき合えず、休みがちになったり遅刻したり、結果的に退職に至り、「精神障害者は雇っても続かない」と言われる企業の方は少なくありません。

気分や体調が良くないということは、誰にでもあることです。気分や体調が下降気味なことがあっても良い。ただ、日常生活が送れなくなるほど落ちないようにすれば良いのです。精神障害は、良くなったり悪くなったりを繰り返しながら回復していくと言われています。ですので、症状に波があるのは仕方のないことなのです。その波をいかに小さくするか、そして働く上で影響を及ぼさないかが大事になります。

いつも元気に挨拶する人が静かだったり、いつもニコニコしている人が無表情だったりすると、私は「あれ？　なんか元気がないように見えるけど、気のせい？」と話しかけたりしていました。するとやはり、「カクカクシカジカ……」と何かあったりするわけです。小さな変化に気づき声をかけることで、ストレスが小さいうちに摘み取れていたのでしょう。このモニタリングと声かけプラス、症状によっては担当業務を変更するなど環境を調整し、精神症状を悪化させないように気をつけていました。精神障害のある社員も、いざとなったら相談できるという安心感が良かったようです。

その後、転職のためその会社を退職したのですが、私が退職した後、精神障害者が何人も退職してしまいました。障害者雇用の担当者だからモニタリングと声かけをするのではなく、精神障害のある人と関わるすべての人が同じようにモニタリングと声かけをしていれば、もしかすると退職が防げていたのかもしれません。だからこそ、本書でモニタリングと声かけの重要性に気づき、少しでも試してみようと思う方が増えればうれしく思います。

第3章

法定雇用率に
どう向き合うかを考える

会社泣かせの「障害者の法定雇用率」の改正

みなさんご存知のことと思いますが、2024年4月に、法定雇用率がこれまでの2.3%から2.5%に引き上げられました。そして、2026年7月には2.7%に引き上げられることが決まっています。国や地方公共団体においては3.0%です。

法定雇用率は少なくとも5年ごとに見直されることになっていますが、2023年の2.3%から、わずか3年の間で0.4%も引き上げられることになりました。さらに、除外率(※)が2025年4月以降10ポイント引き下げられるので、除外率が適用されていた業種はダブルパンチです。

例えば、除外率30%だった病院など医療業は、20%になるということになります。これは、1000人の労働者がいる病院では、700人の労働者数(1000×30%)を母数として雇用率を計算できていたところを、改正後は800人の労働者数(1000×20%)を母数に計算することになります。(※障害者の就業が一般的に困難であると認められる業種について、労働者数を計算する際に、除外率に相当する労働者数を控除することができる制度)

この法改正を知ったとき、みなさん腰を抜かしそうになりませんでしたか？　私はなりました。慌てて障害者雇用を担当している友人、知人に連絡しまくり、「聞いた？　どうする？」「ちょっとひどすぎひん？」と言い合いました。

これまでの2．3％でも達成するのが大変で、みなさんあの手この手でなんとかがんばってこられたことと思います。ちなみに、これまでの法定雇用率2．3％でも、達成企業の割合はわずか50．1％です（厚生労働省　令和5年12月発表　障害者雇用状況の集計結果より）。たったの半分しか達成していないのに、法定雇用率だけ上げられてもねぇ……。あまりに高すぎる目標は、そもそもモチベーションが上がるわけがありません。ちょっと愚痴っぽくなってしまいました。みなさんもそんな愚痴こぼしませんでしたか？

「お金に物を言わせて法定雇用率を守る」苦肉の策

法定雇用率の愚痴はさておき、これまで苦肉の策として農業を始める企業も増えました。農業や食品などと全然関係のない企業までもが、農業で障害者雇用率を達成するようになりました。特例子会社を作って農業を始める大企業や、農業をおこなっている企業に障害者を出向させ、雇用管理をお任せするなど、やり方は様々です。ただ、後者の方は、障害者を雇ってはいるものの、所属の会社に出社することもなく、ただ委託されている農業事業者のもとへ通勤するので、会社への帰属意識が低くなるのではないかと思います。

企業も農業事業者へ委託するのに多額の費用をかけており、資金に余裕のある企業でもない限り、難しい方法かもしれません。表現は悪いですが、「お金に物を言わせて法律を守る」方法なのではないでしょうか？

関係者のみなさま、異論反論あるかもしれません。苦肉の策だということは重々わかっています。帰属意識を持ってもらうために、毎朝オンラインで朝礼をするなど、工夫をされている企業もあることは知っています。それでも私はその方法に違和感を感じています。

ここで誤解のないようにお伝えしておきますが、農業が悪いわけではありません。逆に農業と障害者の親和性はとても良いと感じています。私が所属してきた企業でも農場で障害者を雇用しています。広い大地で土や植物を触り、黙々と作業をすることは、ときには無心で自分の世界に没頭できるので、メンタルが安定することも多いです。

実際、福祉事業所などで農業をしているところも多いことからして、親和性の良さがうかがえます。私がお伝えしたいのは、農業がダメなのではなく、どこかの企業に委託して障害のある社員を任せっぱなしにするのではなく、自社内で活躍してもらう方法を目指しませんか？　ということです。

個性を包み込む「ダイバーシティ&インクルージョン」

農業事業者に委託して障害者雇用をおこない、法定雇用率を達成する方法は、多くの企業が取り組んでいる「ダイバーシティの推進」と言えるでしょうか？　企業によっては、「ダイバーシティ推進室」などの部門を作り、ダイバーシティの実現に向けて取り組んでいます。私が思う「ダイバーシティの推進」は、単に、さまざまな個性＝多様性を尊重するということではありません。「多様性の尊重」と言うと、「その個性を否定しません、受容します」と言っているだけのように聞こえます。大事なのは、受容した上で、個性を活かしながら共に働いていくことだと思っています。この農業事業者に障害者を委託する方法は、「多様性は尊重するけど、一緒には働かないし、交わらない」分離された状態になっているように思います。

「ソーシャル・インクルージョン（社会的包摂）」という言葉があります。「はじめに」でも書いた、「すべての人々を孤独や孤立、排除や摩擦から援護し、健康で文化的な生活の実現につなげるよう、社会の構成員として包み支え合う」という理念です。

しかし、企業は採用のハードルが高く、様々な行政サービスも、マイノリティすぎると使えるサービスがない場合もあり、まさに打つ手がなく、「社会にはブラックホールがある」と思っていました。「こんなに社会から排除されている人がいるんだ！」と衝撃を受けるとともに、胸が痛みました。そして社会の扉を開くべく、福祉業界から企業の障害者雇用担当に転身しました。みなさんと一緒に、社会から排除されつつある立場の人を包

ダイバーシティ
それぞれの違いが認められている状態

ダイバーシティ
&
インクルージョン
違いを尊重し、互いに活かすことで
組織が活性化している状態

み込んで、支え合うことのできる社会にしていきたいと思っています。

企業においては、ダイバーシティ&インクルージョン（D&I）の観点が重視されるようになりました。個性を認めるだけでなく、支え合い、活かしていくことが大事だと思います。ですので、障害者と健常者を分離する雇用ではなく、包摂＝インクルージョンしていきましょう。最近では、D&Iに公平性を追加したダイバーシティ・エクイティ&インクルージョン（DE&I）を推進する企業も増えてきました。他社に障害者雇用を委託することが必ずしもダメだと言うわけではありません。関わるのがほとんど上司のみ、対面で会う機会もあまりなく、所属企業に出勤している他の社員との交流がないなど、分離されている状態でないことが大切だと思います。ここでは、自社の事業所内でインクルージョンする障害者雇用について、ご説明します。

低くなった労働時間のハードルを活用しよう

2024年4月以降、精神障害者と重度障害者の雇用率に算定できる労働時間数の下限に変更がありました。国の意向として、精神障害者と重度障害者の雇用を推進したいということが見えてきます。この章の冒頭で法定雇用率の改正についてお伝えしましたが、雇用率を計算する上で変更になったのが、今まで雇用率に算定できなかった週20時間未満労働の精神障害者と重度障害者を算定に入れることができるようになった点です。

２０２４年３月までは、週の所定労働時間が20時間~30時間未満で０．５ポイント、30時間以上で１ポイントの計算をしていました。特例措置として、新規雇い入れから３年以内、または精神障害者保健福祉手帳交付日から３年以内の場合に限り、通常は０．５ポイントの短時間労働を１ポイントとして計算することができていました（２０２２年末）。

２０２４年４月の改正で、これらの要件がなくなり、すべての短時間労働者を１ポイントで計算できるようになりました。さらに、労働時間が週10時間以上で０．５ポイントとして計算できることになりました。これまで週20時間未満の勤務では、たとえ障害者を雇っていてもカウントすることができなかったですが、今回10時間以上でカウントできるようになり、これは大きな改正ポイントだと感じています。雇用保険の加入は、週の所定労働時間が20時間以上なので、雇用保険はかけなくていいし、障害者の雇用率としてはカウントできるし、これは雇用を促進するにはとても良い改正だと思います。と言うのも、私が福祉業界にいるとき、この20時間のハードルが高いなぁと思うことがよくありました。

ブランクの長い人や、働くことに不安のある人など、もう少し短い時間から働く方が安心なのに、この20時間のハードルがあるために企業は20時間以上でないと雇ってくれないし、社会って厳しいなぁと思っていました。この改正で、働きやすくなった精神障害者は多いのではないかと思います。また、飲食業などアルバイトをたくさん雇っている企業は、今後は精神障害者のアルバイト採用が加速するのではないかと思います。

短時間労働の精神障害者を採用するメリット

この法改正を活かさないのはもったいない！　ということで、週20時間〜30時間未満の短時間労働の精神障害者採用を視野に入れることをお勧めします。

「精神障害者はすぐ辞めがち」「短時間勤務では仕事が振りにくい」など、お気持ちは重々承知しています。

けれど、会社が精神障害者雇用に対応できるようになれば、良いことがたくさんあります。

まず、精神障害者は求職者が多いので採用がしやすくなります。その上、社内のメンタル不調者の対応までできるようになるので一石二鳥です。メンタル不調者の対応をすることができるようになると、メンタル不調による休職者の復職プランの立て方もわかるようになるので、なんと一石三鳥です。

なぜかと言うと、メンタル不調による休職で、復職時に主治医の先生がよく「短時間勤務からなら復職可」と言われるのです。でも企業としては、「短時間の勤務形態なんかないよ。フルタイムで働けるようになってから復職して欲しい」と、体調と復職制度の間で困ることがあります。そこで、無理にフルタイムで復職した結果、病気の症状が悪化して再休職……という残念な結果につながることもあります。実際、私がリワークカウンセラーをしていた頃、このフルタイムのハードルが高いなぁと感じていました。スモールステップで復職しないと心配な人もいるので、「制度をなんとかして！」と、企業に言いたい気持ちを抑えていました。ただ、制度を変えるのも相当なエネルギーがいるので、なかなか取り組めないのも理解はできます。

でも、そもそも短時間勤務の人を採用していれば、会社内に短時間勤務のためのポジションがあったり、業務量の調整ができるようになっているはずです。フルタイムでないといけないのではなく、短時間勤務の人など、人により柔軟な勤務の設定ができるようになると、障害者雇用だけでなく、例えば育児や介護中の人など、短時間で働きたい人の働き方改革と人材の確保につながるのではないでしょうか？

年末調整で障害者控除の該当者が見つかる

雇用率達成に悩んでいるなら、採用とは別にぜひやっていただきたいことがあります。それは、人事データ（アルバイト含む）と年末調整の照合です。障害の情報を人事が把握していなくても、障害者控除を申告している人が、ここで見つかるからです。

企業規模が大きいと、それぞれの役割が細分化されるので、障害者雇用担当と、年末調整担当が違うことが多いと思います。残念ながら、横の連携が取れていない企業も多く、企業内の障害者を見落としている可能性があるのです。

もしかすると、あまりピンとこない方もいらっしゃるかもしれませんね。私もこれまで何度も企業の担当者にお伝えしてきましたが、その必要性を年末調整の担当者に理解してもらえず、手間がかかるのでやらない（やってもらえない）担当者もいました。雇用率達成に悩んでいるとしたら、ぜひやるべきです。

どういうことかと言いますと、「実は障害者手帳を持っているけど、会社には知られたくない」という人がいるからです。障害者だとわかると昇進昇格など不利になるのではないかと心配されるからです。残念ながら、そんなことを心配に思う世の中なのです。実際、障害者手帳の取得を考えている社員から「手帳を取ったら何か不利になることはあるか？」と質問されることがあります。もし、私が仮に障害者手帳を取得したとして、特別な配慮を必要としないなら、わざわざ「障害者手帳を持っています」と自ら言わないかもしれません。言う必要性すら感じていないかもしれません。みなさんは、もしご自身だったらどうされるでしょうか？

少し話がそれましたが、会社に障害者手帳を持っていると言いたくない、あるいはあえて言う必要性を感じていない場合、社員から障害情報の申告がないので把握できません。しかし、本人は障害者の税控除を受けるために、年末調整では「障害あり」で申告していることがあります。ですので、人事データと年末調整の照合をしないと、障害者の把握が漏れることがあるのです。

従業員数７０００人規模の会社で、データの照合をしていないことに気づいて調べた結果、なんと、50人以上の新たな障害者が見つかりました。特にアルバイトスタッフは、正社員と採用方法や雇用管理の方法が違うこともあるので、情報が漏れがちです。

今までカウントしていなかった週10時間～20時間未満勤務の精神障害者や重度障害者も含め、調査しましょう。アルバイトスタッフの障害の有無を把握する方法がきちんと確立されていない場合、採用時に把握できるよう仕組みを変えることが必要です。このときは50人以上も新たな障害者が見つかり、会社に課せられた障害者雇用率にかなりの余裕ができました。

障害者雇用率算出の基準日を意識する

まずは社内の障害者を精査し、その上で、採用計画を立てましょう。ダイバーシティ&インクルージョンを考えるなら、法定雇用率達成のために採用するのはどうかと思いますが、きれいごとは一旦横に置いておき、法律を遵守するための人数を計算しましょう。

パート社員など雇用形態に関わらず、週20時間以上働いている人は労働者数になります。正社員のみをカウントすると勘違いされている企業もあるので注意が必要です。週20時間以上は0．5人、30時間以上は1人として計算し、あなたの会社の労働者数は何人でしょうか？　その労働者数の2．5％が必要な障害者数です（民間企業で2026年6月までの場合）。なんとか法定雇用率ギリギリで雇用しようとする企業もありますが、労働者数は変動するので多少余裕があると安心です。

法律をギリギリ守るグレーなやり方として、6月1日に法定雇用率の2．5％ギリギリになるよう雇用する、という方法があります。と言うのも、毎年法定雇用率は6月1日付のデータを国に提出するからです。

ここで、私が実際に経験した事例をお伝えします。この事例はグレーで、褒められたものではありませんが、こんな企業もあるということを参考に、あなたの会社の目指したいところ＝会社のあるべき姿を考えるきっかけにしていただければと思います。

6月1日に向けて企業がしがちなこと

私は従業員数1000人以上の病院で、障害者雇用をしていたことがあります。内情を知ったときには、口をあんぐり開いてしまうほどトラブルだらけでした。「あぁ、きっと世の中は無理して急激に障害者を採用した結果、こんな風にトラブルだらけになっているんだろうなぁ」と思いました。

どんなトラブルかと言いますと、朝には出勤するけど途中で行方がわからなくなる人数名、施設内のコンビニで勤務中に立ち読みしている人、人気の少ないところで居眠りをしている人、スマホで遊んでいる人、黙ってこっそり早退する人などがいました。それだけではなく、障害者同士でたびたび大げんかをして周りの職員が止めたり、「どうしたの？」と声をかけて欲しいのか、職員の往来が激しいところで泣いたり、収拾がつかない状態でした。

病院は、「障害者を雇うと手間ばかりかかり、無駄な人件費を払っている」と思うようになっていました。本来、給料は労働の対価として払っているので、さぼってばかりいる人に払う給料は、無駄な人件費だと思うのも無理もないかもしれません。

病院は、厚生労働省の職員が管理職として出向していました。その職員から、「障害者を雇うな！」と指示があり、腰を抜かしそうになりました。厚生労働省の職員がマネジメントしている病院で、法定雇用率を達成していないなんてあり得ません。達成していないと民間企業なら障害者雇用納付金を払わされますが、その病院は民間企業ではないので払う必要がありません。ただ、納付金を払う必要がないぶん、雇用率が未達だと、厚生労働省から厳しくお叱りを受けるようです。

２０１８年に公共団体の多くが雇用率未達だったり、虚偽の報告をしたりしていたことが明るみになり、ニュースで話題になっていました。このニュース以降、公共団体の障害者雇用率の状況は各自治体など組織ごとに公表されるようになりました。民間企業だと、雇用率未達で改善されないと企業名を公表されることがあります。しかし、公共団体は達成・未達成に限らず公表されるのです。達成しないわけにはいきません。

それで、とにかく雇用率の申告基準日である6月1日だけでもなんとか障害者雇用率を達成しようという動きになったのです。最悪の場合、6月1日で達成していなくても、8月頃までは待ってもらえるようで、8月頃に達成していればなんとかなる、という裏情報まで出てきました……。

長く民間企業にいた私としては、ものすごくやるせない気持ちになりました。そして、指示通り6月1日にはもちろん雇用率を達成するようにしましたが、その後退職者が出ても後任者を採用させてもらえませんでした。どうするかと言うと、翌年の4月頃から採用活動を再開し、大慌てで6月1日に間に合うように採用するのです。そして採用後は「どうぞご自由にお辞めください」と言わんばかりに。

その方針には賛同できなかったので、採用した人が辞めることのないようサポートしました。その方法は、第1章、第2章でお伝えしているモニタリングと声かけ、その結果必要となった課題の解決や環境調整です。その甲斐あって、メンタル不調で辞める人はいませんでした。ただ、私のサポートとは反して、採用された人たちが「辞めてもいい」と病院から思われているのはとても残念な気持ちでした。

もちろん法律の遵守は大切ですが、そのためだけの障害者雇用はお互い不幸です。個性を尊重しつつ、社内で活躍してもらいたい。そう思いませんか？　6月1日に向け、ギリギリの雇用率で採用するのではなく、退職者が出たときのことも考慮し、年間を通して雇用率を達成し、就労が定着する環境を目指しましょう。

Z世代より若い世代は特に、ダイバーシティ推進をきちんとおこなっている企業を就職時に重視する傾向があるようです。良い人材を確保するためには、グレーではなくクリーンな企業を目指さないといけない時代になりました。きれいごとで勝つのは難しいかもしれませんが、それでもクリーンを目指したいものですね。

6月1日を過ぎて私に起こったこと

クリーンな企業でいられる障害者数がわかれば、あと何人採用しないといけないか計算ができます。その数字が出せれば、次に必要なのは、経営層や採用権限のある人事部門長などの理解です。前項で残念な事例をお伝えしましたが、この事例で必要だったのは、人事部門長の理解でした。部門長が雇わないと言えば、本来のあるべき姿である障害者雇用は難しかったのです。私は専門職として有期雇用契約で勤めていたのですが、6月1日付で雇用率を達成した結果、結果が出たからという理由で雇い止めになりました。

〝結果が出ないから雇い止め〟なら自業自得と思えるのですが、結果が出たからという理由で雇い止めになるとは思ってもいませんでした。6月1日を過ぎたら、障害者も減らしたいし、障害者雇用の担当者も減らしたい、という意向だったのですね。そのため、障害者雇用について人事部門長にプレゼンする機会も得られず、とても残念でした。

障害者雇用を軌道に乗せるには3年は欲しかったなぁと思います。ここで言う「軌道に乗せる」とは、年間を通して雇用率を達成し、かつ、辞めない、働きやすい職場環境づくりです。そうは言っても仕方がないので、今後の障害者雇用の進め方についての提案資料を準備し、私が去ったあとも取り組んでいただけるようにしました。

ちなみに〝部門長が変われば方針が変わる〟ということは、どこの組織でもよくあることではないでしょうか？　その病院も部門長が変わり、今ではそのような方針で障害者雇用をおこなっていません。病院の名誉のためにも、申し添えておきます。

障害者雇用のメリットはデメリットを上回る

病院の事例のように、これまでの障害者雇用に関する苦い経験から「採用したくない」という思いにつながっている可能性があります。ですので、障害者雇用の採用計画の話をする前に、そもそもなぜ障害者雇用をしないといけないのか、その目的をきちんと伝え、その上でどんなメリットやデメリットがあるのかを経営層や人事部門長に理解してもらう必要があります。もともと理解のある経営層ならそんな必要はないかもしれませんが、反対派がいるなら、全員一致で障害者雇用に賛成してもらうのがベストです。

また、前向きに進めたいならメリットだけを伝えたい気持ちになるかもしれませんが、必ずデメリットも一緒に伝えましょう。どんなことでも新しく始めることにリスクはつきものです。リスクのないチャレンジはあり得ません。ただ、リスクやデメリットがあっても、ダイバーシティ推進が重視される今の時代は特に、メリットが上回るのです。

ちなみに、私が考える障害者雇用のメリットは、ダイバーシティの実現、サステナビリティの実現、失業している精神障害者が多いという社会課題の解決、社会からの信頼、他者を思いやる社内風土の構築です。そして、精神障害のある方との関わり方を身につけることで、メンタル不調社員の対応もできるようになり、家族や友人など大切な人の精神障害に対応できるスキルをも身につけられることです。

一方、デメリットは、精神障害の特性上、どうしても気分や体調に波があったり、回復にも波があるため休みがちになったり、短期間で辞めてしまうリスクがあります。そのため、周りの社員が振り回される可能性があることです。病気や障害を相手に「絶対大丈夫」と言い切れる方法は残念ながらありません。ちなみに、うつ病などで、症状がなくなり治ったように見えている場合でも、「完治」と言う言葉は使いません。「寛解」という言葉を使います。これは完全に治ったのではなく、症状が落ち着いている状態を指しているからです。このように症状がないように見えても完治ではなく、落ち着いている状態であることから、症状が再び出てくる可能性はあります。病気と向き合っていく以上は、やはりリスクは多少あります。

ただ、完璧な方法はなくても、本書でお伝えする方法を実践していただければ、リスクを減らすことはできます。私は本書の方法で、入社後2年以内に離職する人はほとんどいなくなりました。

第4章

採用の前に
～受入準備として
大切な5つのこと

1 精神障害の特徴について知る

精神障害者をサポートする上で、やはり精神障害についての知識は必要になります。知らないと、どのように関わればいいいか、わかりません。わからないと関わることが怖くなりがちです。間違った関わり方をして精神障害のある方を傷つけてしまったらどうしよう？　と考えてしまうからです。その結果、触れないようにしてしまい、「そっとしておく」という行動を取ってしまいがちです。

この「そっとしておく」という関わりは、精神障害者にとって、コミュニケーションが取りづらい状態になっています。なぜなら、自分から話しかけない限り、話してもらえないからです。あるいは、気を遣われていることを感じ取り、居づらくなるからです。この「そっとしておく」は、精神障害者にとって好ましくない環境です。これを避けるためにも最低限の知識を身につけ、関わる人の心理的なハードルを下げることが必要です。

とは言え、精神障害の種類はたくさんあり、覚えるのは大変です。そのすべてを覚え、精神障害の専門家のような知識を目指す必要はありません。障害の知識については必要最小限で大丈夫です。例えば、うつ病、統合失調症、発達障害の特徴をざっくりと理解していれば十分でしょう。障害の種類をたくさん覚えるよりも、症状に着目することの方がずっと大事だからです。

と言うのも、うつ病だからこうすればいいという明確な対応法がないからです。風邪をひいたときに、喉が痛いときの対処法と、鼻水が出るときの対処法は違い、それぞれの症状に合わせて対処法を変えていると思います。風邪をひいたらどんな症状でもこれをすれば治る、という方法がないのと同じで、見るべきなのは風邪という病気ではなく、風邪の症状ですよね？　精神障害も、それぞれの症状に対応するのが大切なのです。

よく、うつ病と言うと「がんばれ！　と言わない」と、一辺倒で覚えている人がいます。あながち間違ってはいませんが、それだけではうつ病の人と関わるのは難しいです。「がんばれ！」と言わないよう、そっと見守ってしまいかねません。「そっと見守る」と言うと優しく聞こえますが、先ほどお伝えした「そっとしておく」につながりかねません。うつ病の人でも、話しかけて欲しい人もいれば、静かに過ごしている方が安心できる人もいるのです。

ここで、ざっくりと、うつ病、統合失調症、発達障害の症状についてご説明します。ご存じの方も多いと思います。「そんなざっくりとした説明でいいの？」と疑問に思われるかもしれませんが、私はざっくりで良いと思っています。目指すは専門家ではなく、精神障害者と関われる人だからです。

うつ病

食欲不振、不眠、憂うつ、無気力、体がだるい、頭痛など、気分や体調に変化があります。

うつ病と言うと、気分の落ち込みを連想される方が多いのですが、みなさん見落としがちなのが頭痛です。頭痛はうつ病とは関係ないと思われている方が多いのですが、鎮痛剤をよく飲んでいた人がのちにうつ病と診断されたというケースをたくさん見てきました。頻繁に「頭が痛い」と言っている人は、単に偏頭痛として流してしまわず、精神疾患や他の病気の可能性も考えた方がいいでしょう。企業としては、社員のストレスの可能性を考え、ストレスを軽減するよう努めましょう。

ちなみに、双極性障害（躁うつ病）は、ハイテンションで活動的な躁状態と、うつ状態を繰り返します。

統合失調症

〈幻覚〉
他の人には聞こえない声が聞こえる「幻聴」が、現れやすい症状です。「耳元でずっと悪口を言われている」と言われる方もいます。ずっと悪口が聞こえているとしたら、それはものすごいストレスだと思います。

〈妄想〉
何でも自分に関係があると思い込む「関係妄想」、周囲の人が自分を陥れようとしていると思い込む「被害妄想」、見張られていると思い込む「注察妄想」などがあり、周りが違うと説得しても受け入れられません。

〈考えの混乱〉
考えをまとめることが困難になるため、支離滅裂で、全く脈絡のないことを言ったり考えたりするようになります。話が途切れたり、脱線したりすることもあります。その他、無気力、無表情、人と関わることを避けることがあります。

統合失調症に関しては、症状が出たときの対処の仕方を病院や福祉事業所などで、本人が学んでいることも多いです。本人が自身の症状を把握し、症状が出たときにどんな対処をすれば落ち着くのかを理解し、コントロールできることが大切です。コントロールが難しい人は、働くタイミングを考えた方が良い場合もあります。

また、ストレスがかかると症状が出やすくなる人も多いため、症状が出てきている場合は、職場でのストレス要因を分析し、できるだけ取り除いてあげることで安定することがあります。

発達障害

代表的なものとして、自閉スペクトラム症、ＡＤＨＤについてご説明します。

〈自閉スペクトラム症〉

コミュニケーションや対人関係に課題が出てくることがあります。例えば、一方的に自分の話したいことだけを話したり、言ってはいけないことや、言わない方が良いことを言ってしまったりすることがあり、「空気の読めない人」と捉えられることがあります。また、こだわりが強く、興味の範囲が限定される傾向があります。光、音、肌感覚などの感覚が過敏なこともあります。

仕事においては、他の人が飽きてしまうような反復作業を、とても真面目に淡々とこなすことができる人も多いです。また、興味のある分野はとことん掘り下げ、専門性の高い人も多いです。一方で、人とのコミュニケーションが必要な仕事は不向きなことが多く、適材適所で素晴らしい能力を発揮することができます。

〈ＡＤＨＤ〉

不注意（集中できない・気が散りやすい・物をなくしやすい・順序だてて取り組めないなど）と多動・衝動性（じっとしていられない、思い立ったらすぐに動くなど）があります。ミスや抜け漏れ、忘れ物が多いこともあります。また、多動性があるので、同じ作業をずっと繰り返しするような仕事は飽きてしまい、集中力が下がってしまいます。

例えば、工場のライン作業などは不向きだと言えるでしょう。一方で、創造性が豊かな人も多く、芸術的なセンスが必要な業務や、企画などでは素晴らしい能力を発揮することもあります。事務的な仕事においては、ミスが出ることもあるので、ダブルチェックを徹底するなど、ミスが見過ごされないようにすると良いでしょう。

2　精神障害者の離職率が高い理由を知る

精神障害者の離職率が高い理由は大きく2点あります。1点目は採用時に働ける回復度ではなかった可能性がある場合、そして2点目は採用後の環境に課題があった場合です。

採用時に働ける回復度ではなかった可能性がある場合

本人に働く意欲がある場合、その意欲に好感をもち、採用することもあるかと思います。本人は精神障害の症状が悪かったときと比較して良くなっていると感じると、「やっと働ける！」「やっとここまで回復した」と前向きな気持ちになっていることもあるでしょう。あるいは、経済的な理由で、就職に焦りを感じている人もいます。前向きに「働きたい」という気持ちは尊重してあげたいし、会社としてチャンスを提供したいと思うでしょう。でも、そこで「待った！」をかけないといけないことがあります。本人の気持ちだけでは、就職後に体調を崩し、症状が悪化するという残念な結果になりかねないからです。それは、本人と会社、双方にとって望まない結果ですよね。

まず、「回復度」と「仕事の負荷」のバランスを見る必要があります。これは、就労移行支援事業所でも見ていますが、会社内の業務をきちんと把握しているのは、やはりその会社の人になります。就労移行支援事業所は働けると判断していても、あなたの会社の労働環境や業務負荷に耐えられるかどうかは、会社側の立場として見立ては必要です。「そんな見立てができたら苦労しない」と思われるかもしれませんね。そこで、目安をお伝えします。

①週5日外出でき、朝から一定の時間作業に取り組める集中力や体力があること

就労移行支援事業所では様々なプログラムなどをおこない、通所できるようになっています。そこに通所し、パソコン作業をしたり、グループワークをしたりしています。また、事業所にかかってくる電話を訓練の一環として取り次ぐ練習をすることもあります。通所しているので他者との関わりもあり、家で過ごすよりも緊張感を持って外で過ごすことになります。実は、人と関わるということも精神力を使います。また、活字を読んだりパソコン作業をすることも、久しぶりに何時間もすると疲れたりします。

どう見立てるかと言うと、就労移行支援事業所に週５日通えているということは、そのような負荷がかかっても大丈夫だということになります。休みがちな人や、週３〜４日しか通えていない人はもう少し訓練した方が良いかもしれません。

ちなみに、体調の関係で週５日の通所が難しく、週４日しか通所していない人の場合、

週4日なら働けるだろうと思われることもあるのですが、週4日しか通所していない人は、週5日になるまで通所を継続するか、「週2〜3日」など通所日数よりも短い日数から働くことをお勧めします。ポイントとしては、1日働いても余力がある状態にすることです。勤務日数や時間には柔軟性をもたせ、その人に合った働き方から始め、体調や集中力の回復状況を見て、徐々に日数や時間を延ばしていけると安心です。

②症状のコントロール感をもっていること

同じ診断名でも人によって症状は様々です。自分の障害についての特徴と対処法を身につけられているかが大切です。

「どんな症状が出るのか」「どんなときに出やすいのか」「症状が出たときにどんな対処をすれば良くなるのか」——これら三つを本人が知っていないと、会社もサポートしようがありません。中には、主治医から言われるとおりに服薬してさえいればいいと思っている人がいます。処方されたとおりに服薬をすることはもちろん大切ですが、服薬だけでなく自分自身で体調をコントロールするという意識も大切なのです。自分の身体は自分でコントロールするのです。だからといって、勝手に服薬をやめたり、薬の量を減らしたりする人がいるのですが、それは危険です。

また、症状の悪化の原因として、ストレスがあります。しかし、ストレスの対処法をほとんどもっていないため、ストレスに晒され続けて症状が悪化する人もいます。「症状の対処」と「ストレスの対処」を本人が理解しているか確認しましょう。

就労移行支援事業所に通所している人は、支援者が聞き取りをおこない、このあたりを訓練している人が多いので、ある程度コントロールできるようになった人の就職をサポートしています。その点で、就労移行支援事業所に通所している人は、支援者が就職に向けて必要なサポートをしているので安心です。

回復度を見るための2点（①週5日通所　②症状のコントロール）という点から、就労移行支援事業所等に通所し、支援者がついている人の採用が好ましいと言えます。逆に通所していない人は、回復度が客観的に測れないため、採用後に体調を崩してしまい、早期での離職につながってしまいやすいのです。

採用後の環境に課題があった場合

離職率の高い理由の2点目として、働く環境に課題がある場合があります。この章の冒頭でお伝えしたとおり、「そっとしておく」がある種の「放置」になり、あまりコミュニケーションを取らなかったり、わからないことがあっても聞きやすい環境でない可能性がありります。コミュニケーションが苦手な人も多いので、そこは気をつけて配慮したいところです。

もちろん本人からの報連相は心掛けてもらわないといけませんが、会社側もこれがしやすい環境をつくる必要があります。上司も自分の仕事に追われているので、なかなか懇切丁寧に配慮している余裕がないこともあるでしょう。そのような場合、定期的に面談をする機会をあらかじめ設定しておくことをお勧めします。例えば、〝金曜日の朝9時から5分だけ話す〟など決めておけば、「いつ相談すればいいかわからない」といった〝困り感〟は解消できます。そして、どんなタイミングでどのように話しかければいいか、上司と相談することもできます。放置すると、業務が進んでいなかったり、自己判断で間違ったやり方を続けてしまう、ということにつながってしまいます。また、聞けないでいることに不安が募り、体調の悪化につながりかねません。

適材適所と環境調整をしっかりおこなえば、体調もおおむね安定し、自分らしく働けるという自信につながり、早期に離職してしまう人が減るのです。

3 精神障害者のトラブル事例と対応を知る

「このようにすれば比較的うまくいきますよ」という方法をお伝えしていますが、「その通りにやりさえすれば完璧」ということはありません。どれだけ配慮しているつもりでもトラブルは起こるのです。病気や障害と向き合う限りは、きれい事だけでは済みません。ですので、良い話ばかりをみなさんにお伝えするつもりはありません。トラブル事例も知った上で、できる限りのリスク回避ができるよう心づもりをしていただきたいのです。

私はこれまで、机を叩いて怒鳴られたことや、今にも手をあげられそうになったこと、「訴える」と言われたことなどがあります。福祉関係者の中には、「殴られたことがある」

と言う人もいます。みなさんには、そのような経験をしてほしくありません。今なら、そのような状況を回避することができたかもしれないなぁと思います。経験の浅かった昔の自分に教えてあげたいと思います。

そのようなトラブルが起こると、障害が理由だとわかってはいても、恐怖心や心の中のわだかまりができてしまい、それまでのような関係性を維持することが難しくなったりします。また、周りの人と良好な関係を維持できなくなるという点で、本人にとっても望ましくない状況になってしまいます。本人も〝やってしまった感〟を抱くこともあり、ギクシャクすることもあります。

様々なトラブルが起こることがありますので、そのあたりの事例をこの章で3例ほどご紹介します。

ケース3　声を荒らげて怒る

精神障害者や発達障害者の中には、感情のコントロールが難しい人がいます。これも治療や訓練などである程度改善できることがあります。前項で就労移行支援事業所などで訓練している人を採用するのが安心だとお伝えしていますが、経験の浅かった私は、訓練をしていない人を採用しました。コミュニケーションが円滑に取れ、ユーモアのある人当たりの良い人だったからです。

うつ病などの精神疾患のない発達障害の人でした。勤めても長続きしないため、各都道府県にある発達障害者支援センターに相談に行ったようなのですが、継続的に相談にのってもらえなかったようです。

地域性もあるかもしれませんが、当時は発達障害者が相談できるところが少なく、相談者が多すぎるためか、発達障害者支援センターに相談するのに半年待ちということもありました。半年待って相談したところで、なかなか継続的に支援を受けられる状況ではありませんでした。それで、社会経験がある程度あり、あまりブランクもなく就職できる人は、どこの福祉サービスにもつながらない場合があるのです。

話が逸れましたが、医療や福祉につながっていないと、本人は何か不安なことがあっても相談するところがありません。仕事においては職場に相談するしかないのですが、入社したばかりの職場で、不安なことについてなかなか相談しづらいかもしれません。家族に相談できるといいですが、一人暮らしだったり、家族関係があまり良くない場合もあります。そうすると誰にも相談できず、どんどんストレスをため、爆発してしまうこともあるのです。

新しい環境では覚えることがたくさんあり、人間関係も築いていかないといけません。それだけですでにストレスがかかるのに、人手不足もあり、人当たりが良くて覚えの早い彼に、たくさん仕事を教えてやってもらいました。人当たりが良いので、ストレスをためていることに気づかずにいました。

ある日、他のメンバーに話したことを、彼には伝えていないということがありました。と言うのも、聞かれたから答えただけの些細な内容だったからです。例えば、「手が空いた」というメンバーがいたので、「手が空いたなら○○をして欲しい」と、作業をお願いしました。それを知った彼が「聞いてない」と激怒し、暴言を吐きながら「報連相ができてねぇんだよ！」と体を前のめりにして顔を近づけ、威嚇するような体勢で怒鳴ってきたのです。暴力を振るわれるかと、とても怖い思いをしました。どれだけ冷静に説明しても、聞く耳を持ってもらえませんでした。

「手が空いた」って言われたから他の仕事を頼んだだけなのに、なんで怒鳴られるの？

最初はあまりの剣幕で怒鳴られたショックと、怒りのポイントがわからず、私自身が彼と関わることを極力避けたいと思うようになりました。それだけ恐怖心が強くなってしまったのです。そして、仕事上必要な最小限のコミュニケーションしか取らなくなりました。コミュニケーション不足で彼は怒っていたのに、さらにコミュニケーション不足になるという負のスパイラルに陥りました。

この事例での改善点や私なりの分析をお伝えします。

❶一気に仕事を教え、ストレスの負荷をかけすぎていた

理解力、コミュニケーション力があると、ついつい「いけるだろう」と思ってしまいがちです。しかも、人手不足で困っていたということもあり、頼ってしまったのが至らない点でした。精神障害者の就職・復職時は、腹八分未満の「まだまだいけそう」と思う程度にしておかないといけません。余力を残すのがポイントです。それを本人にとって〝いっぱい、いっぱい〟な状態にしてしまっていたのです。

❷配慮する点や、注意する点を十分把握していなかった

コミュニケーションが円滑に取れる人でも、苦手意識のある人がいます。と言うのも、無理をしている場合があるからです。彼の場合、コミュニケーションが円滑に取れたとしても、人と関わることや、人のペースに合わせることにストレスを感じるため、自分のペースで黙々と作業に没頭したいタイプの人でした。また、感情のコントロールが苦手なことも理解できていませんでした。あと、これはあくまでも私の推察ですが、これまでたくさん仲間はずれにされる経験があったのではないかと思います。だからこそ、「他の人に言ったことを自分には言ってもらっていない」という疎外感が怒りのスイッチだったのではないかと考えています。それを考えると、きっとこれまでつらい思いをたくさんしてきたのだろうなぁと思います。

❸ 就労移行支援事業所など、支援者のいる人を採用しなかった

就労移行支援事業所などで訓練をしている人は、ソーシャルスキルトレーニングや、様々なリフレッシュ法を学んでいる方が多いです。感情のコントロールが苦手な人は、アンガーマネジメントの訓練をしている場合もあります。

また、支援者がいると、課題やトラブルがあった場合、会社と本人、双方の相談に応じてもらえます。本人にとっても、会社ではない相談先があるということは大きな安心につながると思います。ですので、第三者に介入してもらえる状態にしておくべきでした。

この方は有期雇用契約だったのですが、正社員での就職を目指すため退職されました。「この職場は最悪だ！」と思って辞めたわけではなかったので安心しました。と言うのも、しばらくして「戻りたい（再入社）」と言ってこられたからです。ずっと記憶に残るほどつらい思いをされたわけではなくて良かったです。良い福祉機関や支援者に巡り会えているといいなぁと思います。

この事例から大事なことは3点。ぜひ覚えておいていただきたいと思います。

❶ 仕事量は少しずつ増やすこと
❷ 配慮する点や特性を事前にしっかり把握すること
❸ 支援者がいること

ケース4　勤務時間を延ばしたら意外な理由で体調が悪化

私が障害者雇用を担当する職場では、障害者枠での採用の場合、6時間勤務から始めることが多いです。と言うのも、いきなりフルタイムだとハードルが高く、6時間から始めて様子を見ながら延ばすことにしていました。体調や集中力に問題がない場合、本人に負担のない範囲で少しずつ時間を延ばしていくのが安心です。その方が急激に負荷をかけずに済み、体調を崩しにくいからです。

統合失調症の方で、体調が安定していたこともあり、1日6時間だった勤務をフルタイムに延長しました。フルタイム勤務にした途端、様子がどんどん変わっていき、統合失調症の症状である幻覚が出てきました。

診断は統合失調症ですが、以前から発達障害かもしれないと思っていました。勤務時間を延ばしたところで体調が崩れそうに見えないほど安定していたため、発達障害の特性がなんらかの影響を及ぼしていないかを疑いました。発達障害のある方の中には、いつもの行動パターンが崩れるとストレスになることがあります。勤務終了時間が変わったことで、これまでの生活パターンが崩れているかもしれないと思いました。

そこで、帰宅時間、晩ご飯の時間、就寝・起床時間など、生活リズムを確認しました。すると、毎日19時に晩ご飯を食べたいのに、終業時間が遅くなったことで19時に食べられなくなったと言うのです。そこで、19時にご飯を食べるために、帰宅途中の駅のホームでパンをかじりながら帰るという生活になってしまったのです。

ゆっくりご飯を食べられていない上に、毎日の晩ご飯がパンだけというのは、栄養から考えてもあまりよくありません。栄養バランスの偏りや生活リズムの変化がストレスになってしまい、体調が悪化したのかもしれません。

「様子が今までと違う」と感じたら、すぐに受診を促しましょう。本人に病識がないことも多いので、支援機関の担当者に入ってもらい、事情をお伝えし、受診の同行をしてもらうのが良いでしょう。企業の人が受診に同行するということは、なかなか時間的にも難しいことが多いかと思います。このように異変が起こったときに頼りになるのが支援機関ですので、このような点からしても、やはり支援機関とつながっている人を採用する方が安心でしょう。

受診のタイミングは、早ければ早いほど治りも早いことが多いです。次の診察予約がある場合、その予約日まで受診を待つ人がいるのですが、待っている間に症状がさらに悪化することがあります。そのため、症状が出てきたときはその予約を早め、できるだけ早く受診する方が良いでしょう。

企業の方は、迷っている暇はありません。即！　受診を促すと同時に、仕事も軽減するよう調整しましょう。その場合、「異変を感じている具体的な様子や、心配だから仕事を軽減する、あるいは、勤務時間を元に戻す」など、具体的にどう感じているか、その結果、どのようにしようと思うのかについて本人に話し、納得してもらうようにしましょう。企業の対応が遅れると回復に時間がかかるどころか、悪化することもあり、休職や退職につながりかねません。本人にとっても企業にとっても、望まない結果ですよね。支援機関に相談するとアドバイスをくれるので、支援機関に連絡すると良いでしょう。

4 受け入れ部門への説明で理解と納得を得る

企業として障害者雇用を進めなければいけないということは、経営層や人事担当者は理解されていると思います。でも、人事とは関係のない仕事をしている社員は、理解していないか、頭ではわかっているけど他人事になっていることが多いものです。仕方のないことですが、温度感が違うのです。それはそうですよね。みんな自分の仕事に一生懸命で、自分の仕事と関係のないことには無関心なのです。

そんな中、障害の知識もなければ、法定雇用率の存在も知らないかもしれない部門の管理職に、いきなり、「はい、障害者を採用したので、配属は君の部署ね。面倒を見てあげて」なんて言うのはご法度です。「大変そうなことを押しつけられた」と感じる人もいれば、「他の社員と違って、何をどうしたらいいの？　どんな仕事を振ればいいの？」と、不安に感じる人もいるかもしれません。とにかく気をつけていただきたいのは、押しつけないようにすることです。

現場の理解と納得を得るための4つのポイント

理解と納得を得るために必要なことは、以下の4点です。

❶ 企業の障害者雇用の現状と方針や採用計画の説明

ここが抜けることが多いです。会社の全体像を配属先の管理職に説明し、必要性を理解してもらいましょう。まずは上司となる管理職に説明し、本人の同意を得た上で、管理職から配下の人に、必要な範囲で共有してもらうと安心です。障害者雇用担当者が配属部門へ簡単なセミナーをおこなうのも良いでしょう。精神障害者と関わる前に、ある程度の知識があると安心し、みんな身構えずに済みます。事前に教育した職場は、しなかった職場よりも精神障害者に対して理解があり、優しく接する傾向があります。

❷なぜその部門に配置しようとしているのかの説明

人手不足だからか、その部門なら障害のある方が取り組みやすそうな業務を切り出せるからか、事情があると思いますので説明しましょう。

❸精神障害の簡単な基礎知識や、注意点の説明

どんな障害特性があり、どんなことに注意しないといけないのかを説明しましょう。困ったことがあれば、人事が相談にのるなど、サポート体制もつくっておきましょう。配置したものの、配属先の管理職が問題を抱えて困っているということはよくあります。配置してからも、その管理職任せにせず、状況を確認したり、障害者本人にも状況を確認したりしながら、人事の介入が必要かどうかは継続して見守るようにしましょう。配置後も、人事など障害者雇用を管轄する部門がずっとサポートできるようにしておかないと、知らない間に問題が起こり、早々に退職してしまうという結果につながりかねません。

❹採用の段階から配属先の管理職に関わってもらう

採否を決定する面接の段階から、配属先となる管理職に入ってもらうことをお勧めします。自分が面接に入って採用した限りは、ちゃんと面倒をみていこうという意識が芽生え

るからです。

人事だけで採用すると、「よくわからない人をいきなり送り込まれた」と思われかねません。採用の段階から、どんな障害特性があり、どんな配慮が必要か、本人の口から説明してもらい、それを生の声として聞いておいてもらうことは大切です。そこを理解した上で採用すると、配属先の管理職もイメージがしやすく、どんな仕事を任せるのか判断しやすくなるでしょう。さらに、後述する配属先で実際に障害者に仕事を教えることになるであろう社員にも、障害特性や配慮事項を共有しておくと安心です。新入社員も不安を抱えていると思いますが、精神障害者と関わったことがない社員も不安を抱えていると思います。気をつける点がわかっているだけで安心感につながるので、双方にとって働きやすくなるでしょう。

企業によっては、法定雇用率の達成を各事業所ごとに課しているところもあります。各事業所に採用を任せているという理由からでしょうが、その場合もノルマだけを課すのではなく、納得を得ると同時に、障害者雇用の手順を伝えたり、うまくいっている事業所の例を共有するなど、丸投げしないよう積極的に関わっていくと進みやすいでしょう。

障害者雇用を進める上で、いかに関係者を巻き込むかは重要なポイントです。本社だけで進めない！　障害者雇用担当者だけで進めない！　そのことを肝に銘じていただきたいところです。

欲を言えば、関係者を巻き込むだけでなく全社員を巻き込みたいところですが、企業規模が大きくなればなるほど難しいと思います。そこで、まずは関係者を巻き込むことを意識してもらえればと思います。次の段階として全社員を巻き込み、障害者雇用を自分ごととしてそれぞれの社員が意識できるようになると、まさにダイバーシティの実現ですよね。仕事の上で障害者雇用に関係ないと思っていても、家族や親戚、友達など身近に障害者がいる人も少なくありません。〝興味はあるけどわからない〟人も一定数はいるので、そういう人から少しずつ障害の基礎知識や対応法を学ぶ社員教育ができると良いですね。最近では、ハローワークでも企業向けセミナーをおこなっているので、少しずつ受講者を増やしていくのも一つの方法でしょう。

5　障害者の教育担当者を決める

ここで言う「教育」は、人材育成のための社員教育ではなく、「実際に仕事を教える人」

という認識でいていただければと思います。

精神障害者の中には、マルチタスクが苦手という方がとても多いです。それは、もともとの個性なのか、病気の症状によるものかはわかりませんが、シングルタスクだと安心して作業に取り組めるだけでなく、気持ちも安定される方が多いです。

ですので、障害者を教育する担当者を決めていないと、あらゆる方向から作業指示がきて、マルチタスクになってしまう可能性があります。優先順位をつけるのが苦手な場合、何から手をつければいいか混乱してしまうことがあります。でも、混乱しているということを誰に相談すればいいのかもわからず、混乱状態が続いてしまい、体調が悪くなったり、仕事の期限が守れないということが起こりがちです。担当者を決めておくと、その担当者が業務量を把握しており、一つ終われば次というようにシングルタスクで業務指示をおこなうことができ、本人が優先順位をつける必要がなくなります。

精神障害者の中には、コミュニケーションが苦手という方がたいへん多いです。そのため、報連相が苦手だったり、わからないことがあっても質問をするタイミングがわからず、聞けないままでいるため作業が進まなかったり、自己判断で進めてしまうことがあります。担当者を決めておくと、少なくとも「この人に聞けばいい」ということはわかっているので聞きやすくなります。また、教育担当者自身も自分が教えるものだと自覚していることで、自ら進捗を確認したりするようになり、コミュニケーションが取りやすくなります。

就職活動をしている障害者のニーズで、「担当者を決めて欲しい」はよく言われます。就労移行支援事業所の支援員がそのように指導しているのかもしれませんが、担当者を決めておくことは大切です。

担当者が決まっていなかったことで起こった事例をご紹介します。

ケース5　先輩全員からの指導で疲弊してしまう

ある接客業で、発達障害の疑いのある人が勤務していました。発達障害と診断されているわけではないので、他の人と同様に特別な配慮をされることなく働いていました。新入社員でしたが、周りの人と同じ説明を受けてもなかなか覚えられません。ミスを繰り返し、お客様からたびたびクレームがありました。

クレームが入るので、店長だけでなく周りの社員もピリピリしてしまいます。おこなったサービスの記録やお客さまの特徴を記録するという作業も、他の人より時間がかかり、いつも休憩時間に仕事をしたり、残業をして本人なりに一生懸命努力している。それでもクレームが起こるのです。一生懸命努力しているのにクレームが起こるのは、本人にとってもかなりストレスですよね。

クレームがたびたび入ることでピリピリしてきた周りの社員は、彼女を見ると注意をするようになりました。やらないといけないことを忘れていたり、やってはいけないことをしていたりすると、目くじらを立てて叱るようになりました。みんなクレームをなくしたい一心なのでしょう。何人もの社員が次々に彼女を叱るので、一つのミスに対して何度も注意されるという状況になっていました。同じことで何人もの人から叱られるのは、さすがにたまりませんよね。叱られることもストレスだったと思いますが、「迷惑をかけていることがつらい」という理由で退職してしまいました。

このように、教育担当を決めていないと誰が何を指導したのかがわからなくなります。その結果、同じことをそれぞれの社員が指導するということが起こります。特定の社員一人を教育担当者として決め、指導を任せるというルールにしておく必要があったのです。すると、何をどんな風に指導したのか、どのように改善しようとしたのか、すべて把握できる状態になります。このケースでは、教育担当を店長にした方が良いとアドバイスしましたが、タイミングがすでに遅く、本人が相当追い込まれてからだったので退職に至ってしまいました。

このケースのように、障害者手帳を持っていないと周りも配慮しません。でも、隠れた障害の可能性があるかもしれませんし、障害はなくても社会適応が難しい個性があるかもしれません。あるいは、適性と配置のミスマッチが起こっており、うまく能力が発揮できていない可能性もあります。ですので、障害の有無で対応を変えるのではなく、それぞれの個性や特性に応じて、どんな配慮をすればうまくやっていけるのかを考え、サポートすることが大切です。

彼女の場合、そもそも彼女自身が自分の適性をしっかり見極められていなかった可能性があります。接客業のような臨機応変な対応を求められる仕事ではなく、同じ仕事を淡々と繰り返しできるような仕事の方が向いていたかもしれません。そのため、接客はしないでバックヤードの業務専任にしたり、レジ担当にしたり、できるだけシングルタスクで作業を任せると改善できた可能性があります。また、口頭指示が苦手だった可能性もあるので、それなら文字や絵で説明すると改善できたかもしれません。

教育担当者を決めたところでこのような〝原因と対策〟は浮かばないかもしれません。教育担当者だけでは手に負えない場合は上司も一緒に対応し、それでも難しければ人事や専門家に相談するなど、対応を考える輪を広げていくと様々なアイデアが浮かんでくるかもしれません。発達障害かどうかはポイントではありません。障害はなくても、発達障害に見られるような特性があり困っている社員に対して、チームでサポートできるようにしましょう。教育担当者を決めることは大切ですが、教育担当者がひとりで抱え込まないようにすることも大切です。

ちなみに、日本の社会の課題として、発達障害の疑いのある人、発達障害グレーゾーンと言われる人の相談の場が少ないことが問題だと感じています。多くの失敗経験をしたり、つらい思いをした結果、他の精神障害になる、いわゆる二次障害になっている人が少なくありません。「発達障害かもしれない」と感じている大人が相談できるところが増えればいいのにと常々思います。これは私の感覚ですが、子ども、二次障害のある人、無職の人の順に、どんどん相談先が少なくなります。在職中の方が相談できるところはほとんどないように思います。

行政には、二次障害を防ぐためにも、大人の発達障害グレーゾーンを支援する体制を整えてもらいたいと、声を大にして言いたいです。

第5章

募集に際して
～定着率を高める６つのポイント

1 業務内容を考える

業務を切り出す～勤務時間編～

業務の切り出しについては、経営層や人事部門長の理解を得るのと並行して進める必要があります。と言うのも、障害者雇用の必要性を話すにあたり、障害者採用の目的やメリット・デメリットだけを伝えても、「じゃあ、どこの部門でどんな仕事で雇うのか？」という話題になるはずです。ある程度方向性を決めておかないと、「実際どうするつもりだ？」という話になることは言うまでもありません。同様に、〝受け入れ部門への障害者雇用についての説明〟の際にも「受け入れるのはいいけど、どんな仕事をやってもらえばいいの？」と思うでしょう。

ここで、「業務の切り出しとは？」についてお伝えします。障害者採用において企業の方がよくされるのが、人員補充の必要なポジションを、一般求人と並行して障害者求人も出すというやり方です。場合によっては、一般求人の代わりに障害者求人で出す企業もあります。それはそれで悪くはないのですが、採用するハードルがグンと上がる上に、採用後に体調を崩される可能性も上がり、リスクが高くなってしまいます。その理由は次の２点です。

①精神障害者の場合、スモールステップで少しずつ負荷をかけていくのが体調を安定させるのに大切です。本来、一般求人で出すようなポジションは、障害のない方と同じ勤務時間、業務量になってしまい、負荷が高く、それに耐えられる体力や体調でないといけません。職業生活のブランクがあまりなく、体調も安定している人の場合は問題ないかもしれません。しかし、精神障害者の中には、ブランクが長かったり、気分や体調の不安定さがまだ残っている人が少なくありません。そのため、障害のない方と同様の働き方に耐えられる精神障害者を見抜くのは難しく、採用のハードルが上がるでしょう。

②仮に採用したとしても、負荷が高いために無理をしてしまい、精神障害の症状が悪化し、休みがちになったり早期の退職につながったりしてしまうリスクがあります。それは双方にとって望まない結果でしょう。

採用時のお勧めは、精神障害者用のポジションをつくることです。そのため業務の切り出しが必要になります。イメージとしては、パート社員の仕事です。企業によってパート社員の労働時間は違うと思いますが、障害者雇用においては、週20時間〜30時間勤務が理想です。最初の設定は30時間を超えない方が安心でしょう。

と言うのも、精神障害者の方が通所している就労移行支援事業所などでは、1日5〜6時間程度の通所が多く、その程度の時間なら体調を崩すことなく1日過ごせることが実証されているからです。また、週20時間以上の労働で1人雇用しているというカウントになりますので、計算上では週20時間でもフルタイム勤務と同じ「1人」の計算になります。ですので、法定雇用率達成に向けて、1人としてカウントでき、かつ、精神障害者本人にとっても無理のない働き方ができるのです。

勤務時間が決まれば、その時間に見合った業務を検討しましょう。業務内容については、次の項で説明します。

ところで障害者雇用の場合、企業によっては1日6時間勤務のパート社員のような勤務形態しかないところもあるでしょう。しかし、向上心のある人や、もっと給料をたくさん稼ぎたいと思う人はフルタイム勤務を希望されるので、それでは向上心のある人の離職につながりかねません。短時間からフルタイムに延長できるようにするなど、ご本人のニーズに応えられる働き方を柔軟に設定しましょう。

業務を切り出す〜業務内容編〜

精神障害者の場合、どんな障害であるかに関わらずマルチタスクが苦手な人が多いです。障害の特性としてマルチタスクが難しいこともあれば、精神疾患の症状として考えがまとまらないこともあるのに、マルチタスクだとあれこれ同時に考える必要があるからです。なんとかがんばって乗り切ろうと無理をすると、疲弊してしまうことにつながります。身体の疲れから心がネガティブな方へ引っ張られるので、注意が必要です。その点においても、マルチタスクになりがちなポジションや仕事内容は避け、シングルタスク、且つ、自分のペースで進められる仕事が良いでしょう。できれば最初のうちは、電話対応もない方が安心です。

比較的単調な仕事や、定型業務を準備していただき、ご本人の体調やスキルに応じて少しずつ業務範囲を拡大するのがお勧めです。例えば、どんどん電子化が進み、紙での書類管理からデータ管理に移行していると思います。これまでの書類をスキャンしてPDFファイルにして保管するような作業だと、黙々と自分のペースで進められるので良いでしょう。

国内外に2000店舗以上あり、老若男女問わず多くの人が行ったことがあるであろう大手アパレルショップでは、セール品を袋詰めしてワゴンで販売していましたが、その袋詰めを障害のある方がしていたそうです。また、首都圏を中心に1000店舗以上あるスーパーでは、商品の品出しを障害のある方がチームでおこなっているそうです。

接客が必要な店舗だから障害者の配置が難しいというわけではありません。商品の発注や品出し、清掃など直接お客様と接することのない仕事もたくさんあると思います。もちろん、店舗に出ているとお客さまに話しかけられることもあると思いますが、「少々お待ちください」「確認します」など、決まり文句のように発言項目を決めておき、ほかの人につなぐというルールにしておけば、ある程度対応できることも多いです。大事なのは、業種ではなく、シングルタスクでどのように業務を切り出すかということです。

一方で、高いスキルをお持ちの方もいるので、ずっとシングルタスクで易しい業務では物足りなさを感じる場合もあり、それも離職の原因になりかねません。企業としては障害の有無に関わらず、スキルアップやキャリアアップができるようにしたいですね。ですので、最初の半年を目安に易しい業務を準備していただき、半年を過ぎた頃に本人の体調やスキルに合わせて少しずつ負荷をかけていくのがリスク回避の上で安心です。

前章でお伝えしたとおり、配属部門に押しつけないのがポイントですので、業務を切り出す段階でも、障害者雇用担当者としてぜひ関わっていきましょう。

①シングルタスク　②自分のペースでできる　③できれば単純作業から始めて仕事の幅を広げていくことが好ましい　など、ポイントを伝えると、受け入れ部門の仕事内容はその部門がいちばん理解しているので、「あの仕事はどうかな？」と、思い浮かびやすくなります。難しい場合は、パート社員や派遣社員がいる部門なら、彼ら彼女らの業務内容や1日のスケジュールを確認し、そこから考えたり、分担したりするのも一つの方法です。

ここでは、勤務時間や業務内容を柔軟に設定することをお伝えしています。これは、採用時だけでなく、社内のすべての障害者に対して必要な配慮でもあり、企業が取り組むべきことでもあるのです。障害者差別解消法が改正され、2024年4月から、障害のある人への合理的配慮の提供が、これまでの「努力義務」から「義務」になりました。「障害を理由とする差別の解消の推進に関する法律の一部を改正する法律の施行期日を定める政令（令和五年政令第六十号）」障害のある人から申し出があった場合に、合理的配慮の提供をすることになっていますが、申し出がなかったとしても、共生社会の実現に向け、どんなことが必要かを考え、取り組んでいけると良いと思います。

法定雇用率遵守が招く雇用担当者の焦り

人事など障害者雇用担当者は、法定雇用率遵守のため、「とにかく採用したい」という思いが先走りがちです。特にうまくいっていない場合は焦りもあるからです。企業によっては、ハローワークから指導されていることもあるでしょう。指導される状況というのは、場合によっては法定雇用率を達成できていない企業として公表される恐れがあります。法律を遵守していない、社会的責任を果たせていない企業ということで企業名が世に知らされてしまうのは、大変不名誉なことです。だからこそ、障害者雇用担当者は焦ってしまうのです。

私は障害者雇用を担当してきましたが、法定雇用率は遵守してきたものの、実は焦っていました。と言うのも、従業員数の変動により、障害者の雇用率が変わるからです。従業員数の変動に対応できるよう、ある程度余裕を持たせて雇用していたため、法定雇用率の引き上げが発表されても、改正後の雇用率をも達成していました。それでも焦っていたのです。その理由は、小売業だったからです。

全国にある店舗では、20万人もの人が働いています。そのうち、週20時間以上働いているアルバイトが法定雇用率の計算上、従業員数に含まれます。繁忙期や店舗の拡大などで、アルバイトが急激に増えることがあるのですが、そうすると雇用率を計算する上で分母となる従業員数が大幅に増加することになるため、余裕だと思っていた雇用率が急に危うくなるということが起こってしまうのです。これは小売業だけでなく、飲食サービス業や、労働者派遣業など、従業員数の変動が大きい業種では同様のことが起こります。

そのような状況で、法定雇用率の大幅な引き上げがあったので気持ちの上で余裕がなくなり、また、企業の採用活動が激化するのも容易に想像できたので焦りが出てきます。そんな焦っていた私は、配属部門の受け入れ体制が整っていないのに採用しようと進め、本人が応募を辞退してしまい、良い人材を逃すという失敗をしてしまいました。受け入れ部門の準備や、体制の整備がいかに大事かを知っていただくために、あえて私の失敗談をお伝えしたいと思います。本書では、「この手順で採用すると良いですよ」とお伝えしていますが、私自身が、わかっていながらも手順を飛ばしたために招いた失敗談です。

ケース6 準備不足で実習中止へ

通年採用をしており、良い人材はどんどん採用するという企業でのことです。配属は、特例子会社のように各部門やグループ会社から切り出された業務を担っている障害者雇用に特化した部門で、支援者が配置されています。支援者が専任でいるので、手厚い支援ができるメリットがあります。しかし、各部門から切り出された業務は定型業務で易しいものが多く、スキルの高い人や、経験豊富な人は物足りなさを感じてしまうというデメリットがあります。

ある日、こちらが想定していた以上にスキルの高い人が応募してきました。想定以上に経験豊富な人材が応募してきたので、定型業務で易しい仕事ではもったいないですし、やはりスキルを活かして活躍してもらいたいものです。本人にとっても、物足りないとやり甲斐が感じられません。

そこで、当初配置しようとしていた障害者雇用に特化した部門ではなく、予定になかった他の部門に急遽話をつけ、配置しようとしました。その部署は障害者雇用の実績があったので、内心「ある程度わかってるでしょ」という私の怠慢もあったかもしれません。その部門内でどんな業務をしてもらうか確認もせず、丸投げしてしまったのです。

障害者採用では、採用選考の前に実習をおこない、実習を経て本人が応募したいか、そして会社も採用選考に進めるかを検討しています。

いざ実習を始めると、受け入れ部門の期待値が高すぎ、その部門でおこなっている業務を横断的に理解してもらおうと、セクションをまたいで業務を体験してもらいました。そして、実習中にも関わらず、業務の流れや全体像を掴んでもらうため、さまざまな会議にも参加してもらい、意見を求めることもあったのです。

右も左もわからない中、たびたび会議に参加して人の話をずっと聞いているのは誰だってつらいものです。その上、意見を求められても、答えられないか、答えづらいでしょう。

プレッシャーだったと思います。実習生の疲労がたまってしまい、体調が悪くなってしまった結果、実習を中止することになってしまいました。体調が良くなれば実習を再開することはできたのですが、体調を崩してしまうような会社には就職したくないですよね？もちろん実習を再開することはなく、その方を紹介してくれた就労移行支援事業所ともご縁がなくなってしまいました。

せっかく良い人材と巡り会えたのに、本来必要なステップをすっ飛ばして丸投げしたのが悪かったのです。その結果、本人の体調不良を招き、受入部門にもガッカリさせてしまい、申し訳ないことをしてしまいました。それ以降、実習を始める前に実習内容を確認し、受け入れ部門に丸投げしないようになりました。みなさんも私のように、採用を焦って必要なステップを飛ばさないよう、ご注意ください。

余談ですが、情報セキュリティの観点などから、実習生には実際の業務をおこなわせず、実習用に作った模擬作業をさせる、という企業もあります。それも一つの方法ですが、実際に通常おこなっている業務をやってもらう方が、就職後のイメージがしやすいというメリットがあります。実際におこなっている通常業務をやってもらう場合、守秘義務などの誓約書を交わすと良いでしょう。それでも実習生に対し、業務上の情報開示に抵抗があるということもあると思いますので、模擬作業を用意するか、実際の業務を用意するか、あなたの会社の状況や業務内容で決めていただくと良いでしょう。

2 勤務時間の設定を考える

勤務時間と体調安定度の見極め

受け入れ部門に丸投げせず業務を切り出せたら、次は募集要項の準備をしましょう。1日何時間、週何日の勤務でしょうか？

効率よく雇用率を上げるなら、「業務を切り出す～勤務時間編～」の項でお伝えしているとおり、週20時間以上、30時間未満の勤務です。週20時間以上で一人の障害者を雇用しているとカウントすることができるからです。正社員と同じ時間数の業務を切り出すのはなかなかすぐには難しいという場合、週20時間分の業務なら切り出しやすいのではないでしょうか？

しかしながら、週20時間以上、30時間未満で働きたいという人は、体調が充分回復していない可能性があるので、体調の安定度を慎重に見極める必要があります。

家事や育児、介護との両立で短時間勤務を希望している人なら問題ないでしょう。それ以外の理由で短時間で働きたいと思う人の場合、フルタイムで働く自信がない＝体調や体力に自信がない＝体調が充分回復していない可能性が考えられます。ブランクが長い方などは、体調が安定していても自信がないため、短時間勤務から始めたいという人もいます。ですので、なぜ短時間を希望しているのか、体調が不安定だからか、自信がないからか、理由を確認し、いずれ勤務時間を延ばしていきたいと思っているのか、意思の確認をしましょう。

体調の関係で週20時間しか働けないという人を、週20時間で雇用するのは危険です。前章で書いた通り、週20時間ならなんとかギリギリ大丈夫と思っている人は、例えば週10時間勤務から始めるなど、勤務終了後にまだ余力がある状態が望ましいです。

このように、週20時間以上、30時間未満勤務の人の採用は、フルタイムの人より勤務時間が短い分、業務を切り出す量は少なくて済みますが、採用の難易度は上がるかもしれません。体調の安定度を見極める自信がないという場合は、週30時間勤務程度の募集がいいでしょう。なぜなら、ある程度体調が安定している人が、週30時間以上の勤務を希望されることが多いからです。

労働時間と雇用率カウントのイメージをもつ

２０２４年４月から、精神障害者の場合、週10時間労働でも雇用率にカウントできるようになりました。週10時間ですと雇用保険をかけずに済み、障害者雇用率にカウントできるという、企業にとってはいちばんメリットのある雇い方になるといっても過言ではありません。ただ、週10時間ですと雇用率のカウントは０．５ポイント（０．５人の計算）となるため、採用目標が複数名ある場合、採用人数を増やす必要があり、採用にかなりのエネルギーを必要とします。１人採用するのも、０．５人採用するのも、同じくらいエネルギーを必要とする上、採用後の定着支援にもエネルギーが必要になります。ですので、１人としてカウントできる週20時間以上がお勧めなのです。とはいえ、週20時間分の業務の切り出しが難しい場合もあると思いますので、業務の切り出し状況を踏まえた上で、労働時間を決めるのが良いでしょう。ここで採用のイメージをもっていただくために、例を挙げます。

❶毎日2時間程度の清掃　1日2時間×5日＝週10時間（0.5人）
❷週3日4時間程度の軽作業　1日4時間×3日＝週12時間（0.5人）
❸毎日4時間程度のデータ入力　1日4時間×5日＝週20時間（1人）
❹毎日6時間程度の事務全般　1日6時間×5日＝週30時間（1人）

この場合、4人採用して、雇用率の計算上は3人になります。このように、切り出した業務の状況により様々な労働時間を設定すると、採用の幅が広がります。

企業としては雇用率達成のために採用するのがいちばんの目的かもしれませんが、ご縁があって採用した人です。雇用率のカウントさえすれば良いというのではなく、より自分らしくイキイキと働いてもらうために、いずれ勤務時間を延ばしたり、業務範囲を広げられるようにできると良いですね。

3 経費をかけずに上手に人材募集する

ハローワークで求人を公開するデメリット

配属部門や業務、勤務時間が決まり、採用募集要項が作成できたら、募集をしていきます。予算があるなら、有料の人材紹介会社に依頼したり、求人サイトに掲載すると、早く採用できるでしょう。特に、人材紹介会社だと事前に聴き取りがおこなわれ、どのような人物か理解した上で紹介されるので、企業の求める人物像にマッチした方に出会いやすいでしょう。ただし、かなり経費がかかる上、採用前に実習をすることが難しくなってしまうというデメリットがあります。

実は、私は障害者雇用をするにあたり、有料の人材紹介会社を使ったことがありません。いくつかの企業で採用に携わってきましたが、新卒採用には経費をかけても、障害者採用には経費をかけられない企業ばかりでした。ですので、紹介料やサイト掲載料が一切発生しない方法で採用をしてきました。それで雇用率をしっかり達成し、2年以内の離職者はほとんどいませんので、その方法をお伝えしたいと思います。

経費のかからない職業紹介と言うとハローワークを思い浮かべる方が多いかもしれません。ハローワークは無料で求人を出すことができ、広くたくさんの人に求人票を見てもらえるので良いですよね。経費をかけられなかったので、私も以前はハローワークに求人を出して採用していましたが、あまり出さなくなりました。こんなことを言うと、ハローワークや厚生労働省の方からお叱りを受けそうですが……。

急ぐ場合はハローワークに求人を出すこともありますが、そうでなければ基本的にハローワークで求人をオープンにして採用活動をしません。なぜなら、広くたくさんの人に求人票を見てもらえるのが、メリットでもありデメリットでもあるからです。精神障害者採用においては、働く準備が整っていない方もたくさん応募されることになり、多くの応募者の中から求める人物像に合う方を採用するのが難しくなるからです。ここで言う「働く準備」とは、①社会生活を送る上での負荷がかかっても大丈夫な体調や体力、精神力、集中力があること　②自己理解や障害特性の理解ができており、症状のコントロールやストレス対処がある程度できるようになっていること　③生活リズムが整っていること　などを指しています。

この「働く準備」を確認するためにも実習をするのですが、トライアル雇用助成金（障害者トライアルコース）の申請を検討される場合、実習はできません。トライアル雇用助成金をあきらめ、求人に応募する前＝紹介状が発行される前なら実習をしてもいいようです。

そもそもトライアル雇用が適性や能力を見極め、継続雇用のきっかけにする試行雇用なので、実習と目的は似ているかもしれません。採用前に見極めるか、採用後に見極めるかの違いかと思います。ただ、採用後ですと、入社に関する社内手続きや社会保険の加入手続き、仕事を教える手間など、多くの時間とエネルギーを費やしてからの見極めになってしまうため、できれば採用前にしたいところです。

もう一つのデメリットとして、支援機関に登録していることを必須条件にできないということがあります。支援者がいる必要性を次の［4　支援機関の支援者がついていることを採用の必須条件にする］でも書いていますが、採用前の様子の確認や、採用後の安定的な就労のための支援＝定着支援を受けたいので、支援機関に登録されている方が望ましいのです。「支援機関に登録している人歓迎」となら求人票に書けるようですが、「歓迎」では、登録していない人も応募できてしまいます。入社までに支援機関への登録をお願いすることはできますが、仮に登録されたとしても、本人と支援機関の付き合いが浅すぎて信頼関係が十分に築けず、良い定着支援が受けられるとは限りません。これは人材紹介会社を通じて採用する場合も同様です。

このように、支援機関に登録していて「働く準備」ができている人を採用するために、公に求人を出さず、ひっそりと募集しています。では、どんな方法を使っているかをご説明します。

就労移行支援事業所などから紹介してもらう

就労移行支援事業所では、課題分析、障害特性による対処、通所による社会生活リズムの構築や、他者との交流などをおこなっています。働く上で必要な「健康管理」「日常生活管理」「対人技能」「基本労働習慣」「職業適性」の5つの資質である「職業準備性」を高めているのです。本人の体調の安定度を把握した上で、適性を見極め、本人に合った働き方を提案しています。その就労移行支援事業所から利用者を紹介してもらうと、採用前に本人の課題や体調など必要な情報を得ることができます。

ただ、どこの就労移行支援事業所に連絡すればいいかわからないという問題はあります。最初はインターネットで調べたり、同じく障害者採用をしている知り合いに聞いたり、就労支援センターに連絡したりします。そして、人材募集をしていることを伝え、人材募集要項を送ります。就労支援センターによっては、地域の就労移行支援事業所に求人情報を共有してくれることもあります。また、就労移行支援事業所によっては、職場の見学に来られることもあります。「百聞は一見にしかず」ですので、事業所はきちんと求人企業の様子を確認し、本人に伝えています。見学に来られる事業所は、その後高い確率で利用者を紹介されますので、見学希望の事業所には丁寧に対応しましょう。就労移行支援事業所も様々な特徴があります。採用活動を続ける中で、信頼できる事業所を見つけていきましょう。

ちなみに、ハローワークに問い合わせても、事業所の一覧を教えてくれることはあっても、評判の良い事業所はもちろん教えてもらえません。ハローワークに限らず、行政は特定のどこかを紹介することができないので仕方ありません。

実習面談会に参加する

地域性があるかもしれませんが、「実習面談会」などの名称で、イベントを実施していることがあります。東京の場合、東京しごと財団などで実施しています。似たようなイベントで、ハローワークなどが実施している「合同企業面接会」がありますが、「実習面談会」と「企業面接会」は似ているようで違います。東京を例にご説明します。

「合同企業面接会」や「合同就職面接会」などの名称で、数十社から、多いと数百社の企業が集まり、面接をおこなうイベントは、採用のためのイベントなので、選考を通過したあとに実習をすることができません。

一方、「実習面談会」は、実習をするための面談会で、実習をするか否かを決めるイベントです。東京しごと財団が実施している「実習面談会」は、就労移行支援事業所などが申し込み、当日は支援者が同席しています。応募者は、「今すぐ就職を目指していないけど、実習をいくつか経て社会経験を積みたい」と思っている人もいれば、「できるだけ早く就職したい」と思っている人もいます。企業も社会貢献の一環として実習だけ実施しているところもあれば、採用前提で実習をしているところもあります。

採用を前提とした企業の場合、「就職はまだ先でいいので、社会経験のため実習だけしたい」と思っているような方の実習は避けたいと思うのではないでしょうか？　その場合、現在の入社意思や就労意欲について確認をしましょう。

本書では、実習を経て採用することをお勧めしています。と言うのも、実習は採用前に本人と企業がお互いを知ることができ、双方にとってメリットがあるからです。逆に言えば、実習をしないで採用することはリスクでもあります。なぜなら実習をすると、体調の安定度、気分や体調の波、理解力や集中力、協調性などを確認することができますが、実習をしないとそれらを事前に確認することができず、採用後に様々な問題が起こる可能性があるからです。ちなみに、第4章のケース3でお伝えした感情のコントロールが苦手な人は、採用後2週間以内に怒りの感情がコントロールできなくなっていました。特に、気分や体調が不安定になりがちな精神障害者採用の場合、実習が必要だと感じています。ですので、「面接会」ではなく「実習面談会」への参加をお勧めします。地域によっては「実習面談会」がおこなわれていないこともありますが、自治体などで企業の障害者雇用促進事業をおこなっていたりしますので、相談してみるのも良いでしょう。例えば京都府の場合、京都ジョブパークにある京都障害者雇用企業サポートセンターなどがあります。

以上のように、「就労移行支援事業所などからの紹介」「実習面談会に参加」という方法をお伝えしましたが、いずれの方法も支援者が企業と本人の間に入り、就職から定着までサポートしてくれる方法になっています。

助成金の申請はハローワークを通す

ところで、いずれの方法も、募集から採用までハローワークに一切求人を出さないというわけではありません。最終的には、ハローワークに求人票を出すこともあります。ハローワークに求人を出さないと言ったり、出すと言ったり、なんだかややこしいことを言っておりますが、その理由をご説明します。

実習をして本人のことがわかっているので、採用選考に進める段階では、採用前提で面接をおこなうことができます。採否を決めると言うよりは、採用までの最終確認というイメージでしょうか。その段階で初めてハローワークに求人を出すことがあります。実習をした方に応募してもらうためなので、他の方が応募できないように出します。なぜなら、求人票を見て他の方にご応募いただいても、実習ができないからです。

そこでどうするかと言うと、「非公開求人」としてハローワークに求人を出します。これは名前のとおり「非公開」なので、他の人が見ることはできません。ハローワーク求人票の求人番号を応募して欲しい方に伝え、その方が求人番号をハローワークに伝えることで「非公開求人」から応募することができるようになるのです。

採用する前提で進んでいるのに、なぜその段階でわざわざ求人を出すのか？　それは、雇い入れた際に受けられる「特定求職者雇用開発助成金」など、職業紹介を要件とする助成金があるからです。そのため、助成金の申請をしようとする場合、職業紹介要件を満たすためにハローワークに求人を出すのです。企業の中には、助成金の申請をしないところもありますので、その場合は、本人や支援機関からハローワーク求人票を要請されない限り、必要ありません。

4 支援機関の支援者がついていることを採用の必須条件にする

何度も支援者について触れてきました。あえてここでもう一度言います。支援者がついていることを必須条件にしましょう。ここで言う支援者とは、就労移行支援事業所などの支援員で、就職活動から採用後の定着支援までをしてくれる人のことを指しています。精神科のデイケアなどに通っている人もいますが、デイケアの職員は就職活動や定着のサポートまでしてくれません。もちろん本人の相談には応じてくれると思いますが、会社の相談には応じてもらえませんし、会社への同行もしてくれません。

なぜ支援者が必要なのか

障害者本人とは、実習や面談を通じて話す機会がありますが、短い時間ですので普段の様子があまりわかりません。就労移行支援事業所に通所している方なら、数ヶ月から2年ほど通所している方が多いので、支援者はその間の様子を把握していますし、体調の波も把握していることが多いです。本人からの聞き取りはもちろん必要ですが、客観的に見た本人の様子を知るのに大変有効です。本人は就職がかかっているので、自分にとって不利だと思われる情報は言わないこともありますし、コミュニケーションが苦手でうまく表現できないこともあります。その点、支援者がいると本人の体調や課題を客観的に教えてもらえます。支援者にもよりますが、本人の体調や、企業にとって不安要素となり得ることも、率直に伝えてくれることもあります。

就職を目標にした場合、採用されるために本人にとって不利な情報は伏せたいと思うでしょう。この不利な情報とは、例えば、体調に波があり、たびたび休むことがあるとか、睡眠の状態が悪く、朝がつらくなっているなど、体調に関することや、社会生活を送る上で障壁となり得る障害特性などです。

私が思う「信頼できる支援者」は率直に伝えてくれる人です。課題がわかれば、企業でどのような支援や配慮が必要かを考えることができます。場合によっては、残念ながら採用しないこともあります。でも「信頼できる支援者」は、就職を目標にしていないので、たとえ採用に結びつかなかったとしても、それで良いと考えているのでしょう。なぜなら、就職そのものが目標なのではなく、体調を安定させながら長く働いていくことを目標にしているからです。体調や課題について率直に話したため採用につながらなかったとしても、その原因をしっかり分析し、今後の支援に活かしています。

例えば、体調に波があり、たびたび休むことがある場合、体調の波を小さくして休まず通所することを目標にしたりするでしょう。体調に波があるのは障害の特性上、仕方がありません。大事なことは、体調の波をなくすことではなく、うまくつき合うことなのです。体調に波があっても、職業生活が送れていれば問題ないのです。

体調の波が大きくなっている原因に、ストレスや生活習慣の乱れが関係していることも多いです。支援者は、体調の波が大きい原因を探り、うまく体調コントロールができるよう支援をします。このように支援者がいると、採用する上で必要な情報を得られるだけでなく、安定して長く職業生活が送れるよう支援をしてくれるのです。

「信頼できる支援者」は、企業との信頼関係も大切にしています。長く体調が安定していたのに、面接の段階で急に症状が再燃してしまった人がいました。働ける状態ではないと判断し、残念ながら不採用にしたのですが、「あのような状態で連れていってしまい、申し訳ございません」と、支援者からお詫びされました。もともと、ご本人の課題について実直に話してくれる支援者だったのですが、お詫びされたことで、「体調が安定している人を紹介すべき。そうでなければ正直に伝えるべき」だと思われていることを知り、信頼できる支援者だなと思いました。

支援者は、採用後も何かあれば、本人と企業の間に入って調整してくれます。体調が悪化し、主治医の見解を知りたい場合や、会社での様子を主治医に伝えたい場合など、支援者が診察に同行し、その内容を共有してくれることもあります。このように様々な点で動いてもらえるので、企業が抱え込む必要がなく、とても助かります。

ここで、採用を急いだがために支援者のいない障害者を採用し、「やっぱり支援者が必要だなぁ」と思った経験をお伝えします。

ケース７　「話を聴いてくれる人」が必要な人を採用して起きたこと

雇用率達成のため、慌てて採用したことがあります。本書でお伝えしている採用手順を完全にすっ飛ばし、採用しました。様々な失敗を経たからこそ、本書でお伝えしている方法にたどり着いたということもありますが。採用を焦ってはいけません。鏡に向かって言いたいところです。

さて、どのように採用したかと言いますと、就労移行支援事業所などに通所していない、いわゆる「働く準備が十分ではなく、支援者がいない」障害者を、ハローワークに求人を出して採用しました。本書でみなさんに、お勧めしない方法としてお伝えしている採用方法です。雇用率達成のために採用を急いでいたのですが、採用後が大変でした。

自信がなく、不安になりやすい人でした。仕事のパフォーマンスには問題がなかったのですが、ちょっとしたことで不安になり、抑うつ状態になっていました。私にとっては「ちょっとしたこと」でも、本人にとってはもちろん「ちょっとしたこと」ではありません。

例えば、同僚にちょっとイヤなことを言われた、家族とケンカをした、家族のことで心配事がある、経済的に余裕がない、など、日常的に誰でも起こるようなことで気分が沈み、抑うつ状態となり、休んだり、遅刻や早退をするのです。もともとストレス耐性が弱い可能性もあります。

勤務を安定させるため、そのたびに時間を取って話を聴いていました。話すと一旦落ち着き、勤務に影響がない程度に体調が安定することが何度もありました。その「聴く」ということにすごく時間を費やしました。サポートが手厚すぎるか？　と自問自答しましたが、その時間を割かないと勤務に影響が出るので、自分の時間をとるか、安定した勤務をとるか、どちらかを選択せざるを得ない状況に私もストレスを感じていました。

この方の場合、ストレス耐性が弱いことが問題ではないのです。話を聴いてくれる人がいないことが問題なのです。話を聴く人さえいれば、おおむね体調を安定させることができるのです。その「話を聴く人」は、本来職場の社員であるべきではないのですが、私になってしまっていただけなのです。本来なら友人や家族、支援者などに話す内容だと思うのですが、話す人がいないから、職場の私が話し相手になっていました。

就労移行支援事業所などの支援者の場合、働く上で影響を及ぼす要因は、仕事に関係のないプライベートなことでもいろいろ聴いてくれます。また、ストレスと上手につき合う方法も教えてくれます。職場がそこを担う必要がないのです。支援者がいない場合、職場が支援者の代わりをせざるを得ないことになってしまいます。支援者の代わりはできない！　と、ドライに関わると退職につながりかねません。

また、体調が悪化したときや、様子に異変があるときなど、主治医やご家族と連携してもらえることもあります。一人の社員に対して、なかなか職場が主治医やご家族との連携までは難しい、というのが正直なところでしょう。職場が「そんなことまでやっていられない」と思うようなことを替わりにやってもらえるので、支援者がいると助かります。

ジョブコーチ支援を活用する

就労移行支援事業所の支援者以外に、ジョブコーチも良き支援者になってくれるので、ジョブコーチ支援の利用もお勧めです。

各都道府県にある障害者職業センターや、行政の委託事業者が無料でジョブコーチ支援をしています。実習の段階や、仕事を覚える段階、なかなかうまく仕事が進められないときなど、ジョブコーチ支援をつけることができます。ジョブコーチは職場で横について、作業の進め方を見てアドバイスをくれたり、ミスや漏れが起こりやすい場合は、どのようにすれば改善できるかアドバイスをくれたりします。「報連相のタイミングがわからない」という人も多いのですが、そのタイミングも職場の間に入って提案してくれます。職場で支援をしてくれるので、ずっと会社の誰かが傍についてサポートする必要がなく、本人の様子を報告してくれるので、特に作業系の仕事は助かります。そして、本人にとっても、職場で傍にいてくれるので、良き相談者になります。

【支援者がいるメリット】

❶客観的な視点の情報が得られる
❷実習から採用後まで本人のサポートをしてもらえる
❸本人と企業の間、家族と企業の間、主治医と企業の間など、さまざまな点で間に入り、調整してもらえる

5 採用後の定着率を高める実習をする

支援者の必要性をご理解いただいたところで、支援者に関わってもらいながらの実習のポイントをお伝えします。定着率の高い採用をするには、どんな流れで実習をすべきか、そもそも実習をしても良いかの見極めについて、お伝えしたいと思います。

まず、実習前に三者面談をおこなう

実習を始める前に本人、支援者、企業の三者で面談をおこないます。そして、実習時間、期間、仕事内容、実習に関する段取り、配慮する点などを確認し、共通認識を持った上で始めましょう。

障害の特性により、同じ業務を淡々とこなすのが得意な人もいれば、ずっと同じ業務だと飽きて集中力を欠く人もいます。本人の障害特性を理解した上で、その特性に合った実習内容やタイムスケジュールにすると、働きやすい職場だと感じてもらえるでしょう。働きやすい職場＝体調の安定にもつながるので、採用後すぐに離職してしまうということを回避することにもつながります。

この面談では特に、体調について確認しましょう。本人が早く働きたいと焦っていることもあれば、就労移行支援事業所での支援期間が終了するので、終了までになんとか就職したいと焦っていることもあります。そのため、本人の体調に合わせたタイミングや働き方で就職活動をしていないこともあるのです。できれば主治医の見解も確認しておきたいところです。主治医が就労についてどのように考えているか、聞いておきましょう。

ちなみに、支援者がついていることの重要性をすでにお伝えしていますが、支援者がいなくて、本人が自力で就職活動をしている場合、「本人の体調」と「働き方」のアンマッチがよく起こります。と言うのも、「働きたい」と強い意志があり、体調が良い日が続いたりすると、働いても大丈夫だと思ってしまうからです。ところが、「体調が良い＝働ける」ではないのです。日常生活を送る上では体調が良かったとしても、社会生活を送る上で体調が良い状態を維持できないと、「働ける状態」ではないのです。この「働ける状態」とは、集中力や体力など、日常生活以上の負荷をかけても体調が良い状態を指します。加えて、日常の、例えばパートナーや家族とのトラブルなどが起こっても体調に影響の出ない状態なら良いでしょう。

実習を進める際の判断基準

本人が希望する働き方をそのまま受け入れるのが良いとは限りません。体調優先に考えると、企業側の判断は必要です。支援者がしっかり見てくれていれば安心ですが、本人の希望を優先される場合もあるので、ある程度企業側での判断基準を設定しておくと良いでしょう。企業側も精神障害に精通した人ばかりが担当しているとは限りませんので、誰でもできるようになるため、目安を示しておきますので参考にしてください。

企業が実習をおこなう際の判断基準の例

❶睡眠が十分取れている（1日7時間睡眠など）
❷体調がおおむね安定するようになってから半年が経過している
❸就労移行支援事業所に1日5時間、週5日通所している
❹直近3ヶ月で服薬量が増えていない

判断基準から大きくかけ離れる状態だと、体調が不安定で、実習そのものが時期尚早の可能性があります。その場合、もう少し改善されてから実習を開始するなど検討することも必要です。

さて、体調に問題がなく実習をすることになった場合、実習内容は先述のとおり、実際の業務を体験してもらうとわかりやすいでしょう。業務の理解度、正確性、スピード感がよくわかるからです。とはいえ、情報開示の問題や、準備の問題などで難しい場合は、模

擬的な仕事を用意してもかまいません。
実習時間や期間は、1日6時間程度、1週間から2週間程度おこなうと、本人の状態がよくわかるでしょう。精神障害者の場合、疲労が体調悪化につながる可能性もあるため、例えば連続した5日間で実施するなど、あえて疲労がたまる状態を見ることも一つの方法です。

実習の振り返りをおこなう

実習が終わったら、最終日などに実習を振り返るための面談時間を設けましょう。これは、本人、支援者、企業と三者でおこない、実習内容や体調がどうだったか、できたところ、課題、体調の変化などを振り返ります。特に課題が見えると、今後どのようなことに気をつけたが方がいいか明確になるので、本人や支援者に役立ちます。

実習の結果、体調に問題がなく、採用基準を満たしているようであれば、本人の応募意思を確認の上、採用選考のステップに進めます。能力やスキルは実習で把握しているので、面接だけで採用するような形で良いでしょう。

【実習の流れ】

❶実習前の三者面談／実習時間、期間、仕事内容、実習に関する段取り、配慮する点、体調の安定度の確認

❷実習

❸実習後の三者面談／できたところ、課題、体調の変化など振り返り

6 採用面接には配属先の上長が入る

実習をしているので、すでにこの時点で双方両思いの状態です。ですので、形だけの面接になる可能性はありますが、面接には配属予定部門の上長となる人が入ることをお勧めします。

配属先の納得を得るために

実習は、配属予定の部門でおこなうことをお勧めしますが、特例子会社などで採用枠が大きい企業や、企業の状況などにより、配属部門ではないところで実習をおこなうところもあります。例えば、実習を専門とする部署やチームがある企業もありますし、本社の人事などで一括して実習をおこない、採用している企業もあります。その場合、配属後に上長が初めて会う、ということになってしまいます。実習の段階から上長が関わっている方が、人となりがわかり採否も決めやすいですし、配慮をしながら共に働いていくイメージがもて、面倒見が良い傾向があります。とはいえ、実習段階で上長が関わることが難しい企業もあると思いますので、少なくとも採用面接には入ってもらいましょう。

採用する前から上長に関わってもらい、表現が悪いですが、「人事が勝手に採用して送り込んできた」と、思われないことが大切です。と言うのも、配慮の必要な人を配置するというのは、障害のない人を受け入れる以上に大変です。手間がかかるかもしれない人を送り込まれたと思うと、モチベーションが下がりかねません。また、イヤだと思っている部門に押しつける採用の仕方は、丁寧なサポートが得られない可能性もあり、結果的に本人のためにもなりません。双方不幸なのです。

精神障害者を配置することにあらかじめ理解してもらっていること、その上で、どのような人を配置しようとしているのか理解してもらい、上長が納得の上で採用することが大切なのです。ですので、採用面接には必ず入ってもらいましょう。

余談になりますが、配属先の納得を得るという点では、採用する障害者の人件費を人事部で負担するという方法があります。「人件費が厳しいのに、効率が悪いかもしれない障害者を自部門に入れて欲しくない」という本音が隠れている場合があります。「人件費を自部門で負担しなくていいなら採用してもいい」と、思われることがあるので、快く受け入れてもらうための一つの方法として、覚えておいていただければと思います。少しでも受け入れ部門のネガティブ要素を取り除けると良いですね。

採用面接で確認すべきこと

配属先の上長に面接に入ってもらうとお伝えしましたが、普段採用面接をしていない上長がいきなり面接と言われても、慣れていないので戸惑うことがあります。誰でも対応できるように、面接で聞くべき質問項目リストを作っておきましょう。次の質問項目例を参考にしてください。

面接での質問項目例

❶実習はどうだったか
❷体調や服薬、主治医の見解について
❸生活リズムや生活習慣について
❹配慮事項（実習前に確認していますが、共通認識を持つべき重要な項目ですので、改めて確認します）
❺希望する条件（勤務時間、給料、他）

ちなみに、実習を経て双方両思いで始めた面接ですが、この段階で不採用にすることはもちろんあります。ここまでに聞き取れていなかった持病や、体調の悪化などで、安定した就労が難しい状態になっていることもあるからです。ですので、面接では服薬を含め体調に関する情報を丁寧に聞き取りましょう。

中には「そんなことがあったなら、実習をする前に言ってよ〜」と言いたくなる情報が出てくることもあります。でも、本人も自分が不利になることは言いたくないと思うので仕方ありません。だからこそ、体調に関する情報は、前にも聞いたと思うような内容でも、慎重に、丁寧に聞き取りましょう。そして、雇用率が脳裏をちらついても、焦って採用しないこと！　私も肝に銘じています。

採用を慎重にしすぎると、まるで精神障害者を取捨選択して、体調の悪い人を排除しているように思われるかもしれませんが、そうではありません。本人は焦りから、とにかく就職することをゴールに考えていることも多いのです。でも、ゴールは就職ではなく、就職後も長く働き続けることです。長く働き続けるということは、長く体調を維持しているということになり、それこそが本人にとって、本来目指すべきゴールのはずです。

体調の心配を理由に不採用にすることは、もちろん企業にとっても必要なことですが、本人のためを思う誠実さでもあるのです。

採用までの流れ

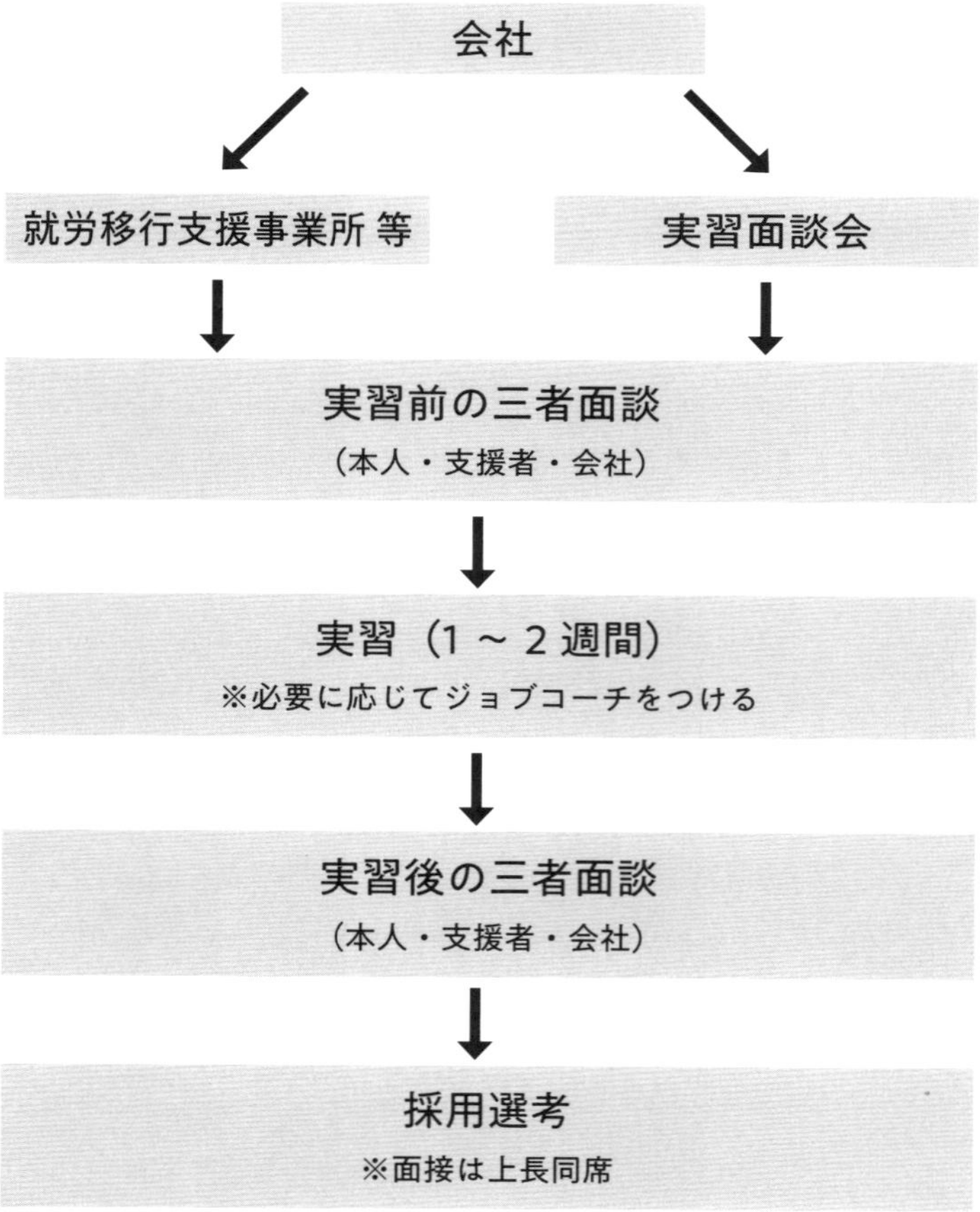
会社
就労移行支援事業所 等
実習面談会
実習前の三者面談
（本人・支援者・会社）
実習（1 ～ 2 週間）
※必要に応じてジョブコーチをつける
実習後の三者面談
（本人・支援者・会社）
採用選考
※面接は上長同席

第 6 章

離職率を下げる
『定着支援』の方法とは？

〝いつ辞めてもいい〟採用をしていませんか？

雇用率を意識すると、採用がゴールのような気持ちになってしまうことがあるかもしれませんが、採用はゴールではありません。残念ながら、意図的に採用をゴールにしている企業もありましたが、そんなときの採用の虚しさと言ったら……。採用するにも時間とエネルギーが必要ですし、採用してからも教える手間がかかります。ものすごい時間とエネルギーを使っているのに、「辞めるなら辞めてもらえばいい。補充はしない。来年の6月1日に向けてまた4月くらいから採用すればいい」なんて言われた日には、やってられません！　みなさんの会社では、そのような方針ではないと思いますが、いかがでしょうか。

採用がゴールではなく、体調を安定させながら、いかに会社に貢献してもらうか、が大切ですよね。「会社に貢献」と考えると、パフォーマンスを上げてもらいたいと思ってしまいますが、精神障害者雇用においては、いったん「安定勤務」を目標にしましょう。福祉的に言うなら「定着支援」です。安定勤務ができるようになれば、「定着支援」から「キャリア支援」に移行していけると良いですね。本書は、入門編として書いているので、キャリア支援ではなく、定着支援についてお伝えしたいと思います。

業務遂行より契約時間の勤務を優先する

入社当初は、とにかく業務は腹八分を意識しましょう。七分でも良いくらいです。まだできそうな人でもあえて仕事をパンパンに振らず、余力を残すのがポイントです。教えてもらった仕事内容を自分なりにまとめてみたり、復習したりしながら、ゆっくり過ごすのが良いでしょう。

目標は、与えられた業務を期限内にやり切ることではなく、契約している勤務時間働くことです。がんばって仕事をしたはいいけど、その後体調を崩し早退、あるいは翌日遅刻するなど、勤務が不安定になったら元も子もありません。遅刻や早退から始まり、体調不良により欠勤するようになったり、ひどくなってくると何日も連続して欠勤したりする、ということにつながってくるので注意が必要です。まじめな人ほど、なんとか無理をしてやり切ろうとしてしまいます。ですので、無理をしない程度の業務量に調整すると、体調が安定した状態を保ちやすくなります。

とは言え、いつまでも一人ひとりの体調に配慮し、会社側が業務量を調整してあげるのは大変だと思います。場合によっては、「猫の手も借りたいくらい忙しいのに、そんなことやってられるか！」と思う人がいるかもしれません。でも、猫の手も借りたいくらい忙しいのに、無理をさせて出勤できなくなれば、その方が人手が減ってマイナスです。

例えば入社半年くらい、少しずつ様子を見ながら業務量を増やすなどの調整をしましょう。目標はパフォーマンスの良い働き方ではなく、安定して勤務できることです。決して「期日を守らなくていい」と言っているわけではありません。無理のない範囲で業務を遂行した結果、期日が厳しければ相談してもらうなど、コミュニケーションを取りながら調整しましょう。最初のうちは、業務遂行より報連相の方が大切です。

自分で体調のコントロールができるようにする

入社後半年くらいかけて、本人にも自分が体調を維持できる業務量や働き方を学んでもらいましょう。慣れてくると、人によっては「これ以上やったら体調が悪くなる」という頃合いを掴める人もいます。

精神障害のある方の中には、受け身体質の方が多いように感じています。例えば、「指示された業務を、指示通りにきちんとする」という人。とても大切なことですが、「指示された業務は何がなんでもやり遂げなければいけない」と思い込んでいるのではないかと思う人が多いように思います。無理でも「できない」と言えない、あるいは言いたくないために、無理してやり遂げようとします。その結果、体調を崩してしまうのです。

会社側が業務量を調整することで体調を維持してもらうことは大切ですが、さらに大切なことは、体調を維持できる業務量や働き方を自分で把握することです。業務量が多いのか少ないのか、どの程度で体調に影響を及ぼすのか、自分自身で把握した上で、コントロール感を持つことなのです。業務量を増やす過程で、「これ以上やるとマズイな」というこ とがわかれば、そのことを自ら相談してもらうようにしたいです。それができなければ、いつまで経っても上司が業務量を調整してあげないといけなくなってしまいます。

相談するスキルは、様々なところで活かせる必要なスキルです。精神科に受診の際も、「医師の指示通り、処方された薬を飲みさえすれば良くなる」と、受け身で治療をしている人もいますが、服薬と並行して、生活上どんなことに気をつけると良いのか、自分なりに考え行動することも大切です。

例えば、健康のために毎日30分ウォーキングしている人が、「ちょっといつもより体調が悪いな」と感じれば、ウォーキングを10分だけにしてみるとか、体調に合わせてコントロールすることが大切です。コントロール感のない人は、体調の如何を問わず、いつも通り30分のウォーキングをしてしまいがちです。緩めることが怖いと思っている人もいます。できていたことができない状態だと受け入れたくない、という理由もあるようです。その結果、疲労がたまり、さらに体調が悪くなるというパターンに陥ってしまいます。

業務量を調整しながら、本人にコントロール感を掴んでもらうために必要なことは、のちほどご説明します。

心掛けたい「モニタリング」の重要性

さて、第1章でその効力を解説したモニタリングですが、障害者雇用をおこなう上で、最も重要な要素だと思っています。これをするかしないかが、精神障害者が仕事を続けられるかどうかの鍵になります。

モニタリングは「観察」という意味があります。「観察」と言うと、植物観察のようにジ〜〜〜ッと見つめることを連想されることがあるかもしれませんが、そんなにじっと見つめることではありません。

そんなに大層なことではないのです。表情や動きを1〜2秒見る程度でかまいません。「仕事が忙しすぎて、1〜2秒も取る時間がない」という人はさすがにいないのではないでしょうか? 1〜2秒を1日に何回か、意識的に見るだけ、あるいは、その人のことを考えるだけです。

自分の仕事に忙殺されていると、周りを気にかける余裕がないことも多いと思います。そのため、同じ事務所で仕事をしていて、自分の隣の人が視界に入ってはいても、視線をその人に向けることもなく1日を終えることがあるのではないでしょうか? 近くにいても、案外見ていないものです。仕事に集中して周りが見えていないと言えるかもしれません。私も急いでいるときなどは、あえて周りに意識を向けないようにして仕事に集中することもあります。ただ、障害者雇用においては、ときどき意識を障害者の方に向けてもらいたいのです。

具体的なモニタリングと声かけの方法

では、1～2秒見てどうするのかと言うと、表情や顔色がいつもと違わないか、行動がいつもと違わないか、を見るのです。

・いつも元気にあいさつをする人が、「今日は元気がないなぁ」
・いつも笑顔の人が、「今日は無表情だなぁ。あれ？　眉間にシワが！」「今日は、ため息が多いなぁ」
・いつもよく話しかけてくる人が、「今日は全然話しかけてこないなぁ」「そういえば今日はいつもより仕事遅くない？」

このように、その人の表情や行動など、様子を1～2秒見る時間をつくりましょう。この「いつもと違う」が精神障害者の体調不良の早期発見につながります。ちょっとした異変に気づいたら、声をかけましょう。

「今日は元気がないように見えるけど、気のせい?」

「大きなため息ついてるなぁ。どうした?」

「仕事、順調に進んでる?」

など、会話のきっかけになる声かけをしましょう。


「今日は元気がないように思うけど、体調悪いの?」と声をかけると、「そう見えます? いつもと同じようにしているつもりなんですけど」と、返事が返ってくることもあります。そうすると、そこからどんな体調なのか突っ込んで聞くことができます。場合によっては業務量の軽減や、早退を検討することが必要になるかもしれません。そして、体調が悪い場合、コミュニケーションをその日だけで終わらせるのではなく、翌日以降も体調がどう変化するか、声かけをしましょう。一言で「声かけ」と言っても難しく思われるかもしれませんが、体調が悪いことに対して、本人がどんな対処をしたか、その結果、体調がどう変化したか、などを聞きます。

翌日、「今日は体調どう?」と、聞くと、「昨日早く寝たら良くなりました」と答えるかもしれませんし、「今日も体調が悪いんです」と答えるかもしれません。体調不良が続く場合は、支援機関に相談したり、受診のタイミングを早めるなど、早めの対処が必要です。何度もお伝えしているとおり、精神障害の症状に関しては、とにかく早め、早めの対応が、早く回復する秘訣です。

どんな病気でも、「早期発見・早期治療」と言います。精神障害も同じです。「症状の早期発見・早期対処」が、悪化させない重要なポイントです。

会社と本人の双方向でのモニタリング

モニタリングと声かけをしていると、業務量を増やす過程で、「ちょっとしんどそうだな」とか「無理していそうだな」ということに気づけるようにもなってきます。声かけをしながらなら、無理のない範囲で少しずつ業務量を増やすことができるでしょう。こちらが業務量を調整することも大切ですが、理想は自分で体調をコントロールできるようになることです。無理せずにできる業務量なのかどうか、本人はどう捉えているのかを聞くようにしましょう。

最初のうちは、「大丈夫」と言うかもしれませんが、しんどそうに見えれば、「無理していそうに見えるけど、本当に大丈夫なの?」と、どのように見えているかを直接フィードバックするといいでしょう。「周りの人から体調が悪そうに見えているのか!」と、ハッとされるかもしれません。そのようなやり取りを繰り返すうちに、自分の限界がわかってくる人もいます。自分の限界をわかって欲しいのです! 自分の限界がわかってくれば、相談してもらうよう促しましょう。

こちらからの「モニタリングによる気づきと声かけ」、そして本人が「自分でモニタリングして相談」の、双方向からのモニタリングは、体調維持にとても効果的で、定着支援をする上で重要なポイントです。

ちなみに、障害特性として過集中の場合、気がついたときには疲労がたまっていて体調が悪いということがあります。また、疲労に気づきにくいという障害特性がある場合もあります。その場合、「自分でモニタリング」が難しいので、疲労感をモニタリングするのではなく、時間管理をして疲れをためないようにするという方法がお勧めです。例えば、「10時になったらトイレ休憩をする」「12時になればアラームを鳴らして昼休憩を取る」「15時になったらコーヒーブレイクをする」など、ルールを決めて時間管理をするといいでしょう。生活面においても、何かに夢中になって夜更かしをしていることがあります。「23時になったらとにかくベッドに入る」など、疲労をためない習慣が大切です。会社としては、疲労をためない習慣になっているかを確認しましょう。

受け身でいつまでも会社に調整してもらって体調を維持するのではなく、自分自身でもコントロールできるようになってもらい、体調維持に努めてもらいたいものです。

5分でもいいので定期的に面談をおこなう

普段からモニタリングをしつつ、定期的に面談をおこなうことをお勧めします。採用直後など環境の変化があった場合は、1か月に1回程度が良いでしょう。

「定着支援」とよばれるサービスでは、支援者が定期的に会社に訪問してくれます。本人、会社（上司等）、支援者の三者で面談をすると、共通認識が持てます。

支援者が来られなくても、定期的に面談をしましょう。体調が悪い場合は、本人と上司の二者でかまいませんので、1週間に1回など頻度を上げて面談をしましょう。「毎週、面談する余裕なんかない！」と思われるかもしれませんが、しっかり面談をするのは1か月に1回だけで、あとは5分でもかまいません。「面談」と言うと大層に聞こえるかもしれませんが、1週間に1回5分でもいいので、顔を突き合わせて話をする時間を設ける程度で大丈夫です。さすがに1週間で5分も時間が取れないということはないのではないでしょうか？

「たった5分なら、普段からその程度のコミュニケーションは取っているので要らないんじゃない？」と思われるかもしれません。でも、普段の仕事に関するコミュニケーションではなく、本人の体調や思いを聴き取る時間をあえて設けるのが良いのです。なぜなら本人が、「わざわざこの程度のことを言う必要はない」と考え、小さな異変を言わないことも多いからです。ところが、あえて自分のことを言う時間を設けられると、小さなことでも話すきっかけになるのです。

「最近寝つきが悪いんです」と言われるかもしれません。仕事に影響のない状態だと、あえて言わなかったりしますが、面談の時間を設けると話すきっかけになります。いつもと違う何かがわかった場合、原因について一緒に考えてみましょう。

「なんで寝つきが悪くなったのかなぁ？」と聞くと、場合によっては、「母が入院した」など、仕事とは関係のないエピソードが出てくるかもしれません。もしかすると、心配しすぎて寝つけなくなっているのかもしれません。それを話したところで何も状況は変わらないのですが、現在の状況や気持ちを発することで心が整理され、落ち着くことも多いのです。これが早期発見・早期対処になります。

①モニタリングと声かけ
②定期的な面談

この2点は、精神障害者雇用をおこなう上で、絶対に外すことのできない企業側のサポートです。この方法は、精神障害者だけでなく、メンタル不調により休みがちな社員や、休職した社員の復職後など、メンタルが不安定な様々な社員に有効です。

できそうなことは手を出さず見守る

「障害者へ配慮する」を意識すると、優しさや思いやりが先立ってしまい、何でもかんでも手を差し伸べてしまうことがあります。少しでも困っていそうならやってあげたり、ちょっと止まっていたりすると声をかけてアドバイスをしたり――。

手を差し伸べることは、とても大切です。手を差し伸べられていると、不安や困った状況から早々に逃れられるので、ストレスが軽減し、体調を崩しにくくなるでしょう。とは言え、何でもかんでも手を差し伸べてしまうと、受け身になる習慣がついてしまいます。そうすると、声をかけてもらうまでそのままにしておく「声かけられ待ち」が習慣になってしまい、報連相ができるようにならなかったり、「放っておけば誰かがやってくれる」という感覚になり、自分で対処する力が身につかなくなりかねません。

手を差し伸べる人が永久的に障害者のそばにいてサポートできるなら、そのスキルは身につかなくても良いのかもしれませんが、実際はそんなことはないでしょう。サポートできる人が異動や退職をしてその障害者から離れてしまったり、障害者本人が転職などで環境が変わることもあるでしょう。そうすると、報連相ができず、自分で考え対処することもできず、「誰かが手を差し伸べてくれるのを待つ」のは、途端に通用しなくなります。そこで苦しむのは本人です。その会社で、その環境でしかやっていけない人にしないことが大切です。

せっかくご縁があって入社していただいた方なら、スキルアップをしながら、できるだけ長く勤めてもらいたいですね。会社としても、離職率が高く、どんどん人が入れ替わるという状況は避けたいですよね。社内で長く活躍してもらいたいという思いがある一方で、辞めてしまうのは仕方のないことだとも思っています。昔のように終身雇用ではなく、転職する時代です。私も何度か転職してきました。

そこで、私がいつも意識しているのは、どこの会社でも通用する人になってもらうことです。特別に配慮がゆき届いた環境でしかやっていけなくなると、他の会社ではやっていけません。たとえ、会社がその方とご縁がなくなったとしても、立派に巣立ってもらいましょう。その準備ができていれば、社内の他の部署に異動しても立派に活躍してくれるでしょう。

「やりすぎ配慮」を避けるために気をつけること

他の部署や、他の会社でも通用するよう、自立した人になってもらうには、配慮の仕方にポイントがあります。そのコツは、次の二点です。

①代わりにやってあげない

②いつも答えを提示しない

①の「代わりにやってあげない」は、できずに、あるいは、なかなか進まずに困っている仕事を代わりにやってあげないことです。そもそもなぜできないのか、あるいはなぜ進んでいないのか、原因を考えましょう。少しやり方を変えたり、to do List を作るだけでできるようになることもあります。できなさそうでも、できないと諦めないこと。「どうすればできるか」を考え、実践してもらうことを習慣にしましょう。

できないと思っていたことができるようになれば、本人もうれしいものです。その積み重ねが自信につながっていくでしょう。そして、自己肯定感が上がっていくかもしれません。特に、発達障害のある方は失敗体験をたくさんしている人が多く、自己肯定感の低い人が多いです。でも、手順を変えるだけでできるようになることもあるので、できないレッテルを貼らないよう気をつけましょう。

うつ病などの方で、気分が下がっていてなかなか仕事が進まないことがあります。それでも「代わりにやろうか?」と言わないようにしましょう。「そんな、冷たい!」と思われるかもしれませんが、本人に、今の自分の状態だと、どの程度ならできそうかをわかってもらいたいからです。ここがわからないと、自分でコントロールができるようになりません。本人にとって、「体調に合わせた活動量（＝仕事量）を知る」ということは、とても重要なのです。いつも周りの人が配慮してくれないとコントロールできないようでは、自立して働いていくことができません。ですので、「代わりにやろうか？」ではなく、「できそう？」「期日までに間に合いそう？」など、本人がそのやるべき仕事に対して、どのような見通しを立てているのかを聞いてみましょう。そこで、「体調があまり良くないので、ちょっと難しそうです」と言われれば、どの程度仕事を減らせばできるかを確認し、そこでようやく「代わりにやってあげる」ことができるのです。

②の「いつも答えを提示しない」は、自分で考える習慣をつけるためです。自信がないからか、自分で考える習慣がないからか、いつも答えを求めてしまう人がいます。例えば、「次は何をすればいいですか？」「〇〇なことが起こっているのですが、どうしたらいいですか？」など、指示を仰ぐ質問です。ときには指示を仰ぐ必要もあるかと思いますが、四六時中その質問では困ります。入社後間もない社員なら仕方ないでしょう。何をすれば良いかわからないことばかりで、「手が空いたのですが、何をすればいいですか？」と聞くこともあるでしょう。でも、入社してから何年も経っている社員が「次は何をすればいいですか？」と聞くようでは、自立した人にはなれません。「こうしようと思うのですが、

いいですか?」など、自分の考えを一旦述べた上で、聞いてもらいたいものです。自分で考え、行動できる人になってもらうために、「どうしたらいいと思う?」など、考えを述べてもらう質問をするようにしましょう。根気は要りますが、繰り返すうちに、自分で考え行動する習慣になってくるでしょう。すると、会社も楽になりますし、本人も社会で通用する人になれるでしょう。

「できる」「できない」の主張と対応

まじめな精神障害者にありがちなのは、できそうにないのに「できる」と答えることです。「できない」と言えないのです。障害と共に働いていくので、「できない」と素直に言えるようになることは大切です。「できない」と言えず、無理をしてきた結果、限度を超えてしまい精神障害になった方も多いのです。「無理してやりこなす」という自分の行動パターンを変えることが必要です。

できそうにないのに「できる」と答えていそうなときは、進捗を途中で確認し、どんなスピード感でしているかをある程度把握した上で、「今これくらいのスピードでしているから、期日に間に合わないのでは？」と、そのままフィードバックしましょう。その上で、「無理してやり遂げるのではなく、体調に合わせた業務量を知ってもらいたい。だから自分で把握してそれを伝えられるようになってもらいたい」と、率直に伝えましょう。残業をしてなんとかやりこなすのではなく、最優先の目標は、長く勤められるよう体調管理ができるようになることです。「業務遂行より契約時間の勤務を優先する」の項でもお伝えしたとおり、目の前の仕事を無理してやりこなした結果、体調を崩して欠勤が続いたということがあれば元も子もありません。一見、厳しいようですが、このやり取りの繰り返しで、本人がコントロール感をもって体調管理ができるようになるのです。

一方で、少数派かもしれませんが、すぐに「できない」と言う人もいます。ちょっと体調や気分がすぐれないと、早退したり、仕事を放り出してしまう人もいます。体調を崩すことを恐れすぎての言動かもしれません。

「しんどい」にも、いろんな「しんどい」があると思います。例えば、10段階のうち、「しんどい指数」はどれくらいか、など、その日の体調を数字で表現してもらうと、程度がわかりやすくなるでしょう。5程度なら大したことがないとお互いわかるようになると思います。その場合、早退するほどの体調ではないということがわかり、業務をある程度軽減した上で続けてもらうなどの判断ができるようになります。そのためには、10がその人にとっていちばんしんどかった状態、それより少し改善した状態が8など、過去の体調が悪かったときを振り返り、指数の目安を考えてもらうのも効果的です。

「できない」と言えない人がいると言ったり、「できない」と言いすぎる人がいると言ったり、結局のところどうなの!? と思われるかもしれませんが、障害の有無に関わらず、私たちはみんなそれぞれの個性があります。障害者だからと一括りにするのは難しく、結局のところは一人ひとりに対するモニタリングなのです。その人にどんな特徴や傾向があるのか、モニタリングをした上でこちらの対応を変えるのです。ここが難しいところではありますが、日々モニタリングをし、対応の仕方を考えていれば、自ずと身についてきます。このモニタリングと対応力のスキルが身につけば、障害者に対してだけではなく、すべての社員に使えます。このスキルを身につけると、人を気遣い、それぞれの可能性を伸ばすことができるようになりますので、ぜひ意識してチャレンジして欲しいと思います。

障害者を取り巻く環境の変化に要注意！

「体調も安定しているし、仕事もどんどんできるようになっているし、もう心配ないよね？」と思うタイミングもくるでしょう。障害と共に働いていくコツを掴んでいるのかもしれません。とは言え、障害のない人と完全に同様の関わり方にはできません。

精神障害では、「完治」という言葉を使わず、「寛解」という言葉を使うように、治ったように見えても、何らかのきっかけで再び症状が出てくることがあるので注意が必要です。どんなに元気そうに見えても、「障害者手帳を持っている人」ということを忘れずにいたいものです。精神障害者保健福祉手帳は更新が必要ですが、更新されているということは、まだ不安要素があるということになります。治ったように見える人でも、何らかの環境の変化があったときは注意しましょう。

環境の変化は、職場だけではありません。プライベートでも環境の変化が起こっていることもあるでしょう。例えば、引っ越しや両親の離婚で環境が変わったり、本人が結婚した、子どもができたなど、ライフイベントもあります。環境の変化は、結婚など喜ばしい出来事であったとしても、生活習慣が変わることになり、ストレスがかかります。職場ではプライベートなことをあまり根掘り葉掘り聞かないかもしれませんが、環境の変化が起こったと知ったときは注意が必要です。環境の変化が起これば、モニタリングの頻度を上げるなどして、放置しないようにしましょう。放置している間に欠勤するようになってしまった！　ということもあるのです。

人事異動について配慮すべきこと

企業で働いていると、人事異動があったり、退職する人がいたり、従事する仕事の内容が変わるということは、よくあると思います。これはどうしても避けることができません。環境の変化は、良くも悪くもストレスになります。

障害者本人が異動するのは大きな変化になり、ストレスがかかります。異動がいけないということでは決してありません。本人の成長にとっても、異動が必要になることもあるでしょう。ただ、可能な限り、変化は少しずつの方が安心です。例えば、異動先の仕事のイメージができたり、よく知った人が異動先の部署にいる場合、心のハードルが少し下がると思います。これが、やったことがなく、どんな仕事かイメージすることもできず、知った人が一人もいない部署だと、仕事にも人にも慣れないといけないのでハードルが上がります。ただ、少しでもハードルを下げる配慮ができなければ異動させない方がいいのか、と言うと、そういうわけでもありません。そのような環境での異動が難しいこともあるでしょう。気をつけたいのは、「体調が安定しているから大丈夫」と思っていた人でも、環境の変化があった場合は慎重にモニタリングをし、本人の様子に変化がないかを確認することです。

本人が異動する以外に起こりうる環境の変化が、上司や同僚の異動です。中でも、上司と信頼関係が築けていた場合、その上司がいなくなることは本人にとっては大きなストレスになります。「この上司なら、いつでも相談ができるから大丈夫」という安心感を持って働いている人の場合、その安心感がなくなることになり、途端に不安に思う人もいます。

上司が異動になることがわかった時点で、私は声をかけるようにしています。慣れた上司がいなくなることは、不安要素になるからです。信頼のおける上司なら、なおさら心配です。上司が異動すると知り、「眠れなくなった」と言われることもあります。先のことを考えてもどうにもならないのに考えてしまい、不安になることも多いのです。そのようなときは、不安な気持ちを聴いてあげるだけで、落ち着くことも少なくありません。そして、新しい上司がやってきて環境に慣れると、さらに落ち着いていくでしょう。なかなか落ち着かなければ、支援機関の担当者や、場合によっては主治医とも連携しながら、心の安定につながるよう早めに対応しましょう。

教育担当者のストレスに注意する

ここまで、精神障害のある社員にどのように関わっていけばいいのか、モニタリングを軸にお伝えしてきました。同時に、忘れてはいけない大事なことをお伝えしたいと思います。それは、障害者本人ではなく、障害者を教育する担当者のストレスに注意するということです。

無事に採用し、配置したら「やれやれ……」と、障害者雇用担当者は思いがちです。障害者の雇用率が頭をちらつくので、採用をすればとりあえずノルマ達成！　みたいな気持ちになるからです。ここで、やらかしてしまいがちなことをお伝えします。

採用後は、配置した部門に丸投げしがちですが、注意が必要です。特に障害者の上長や、直接仕事を教える教育担当者が抱え込んでしまうことになるからです。本書では、できる限りうまくいく方法をお伝えしていますが、とは言え、病気や障害を相手に完璧な方法はないのです。もちろん、うまくいかなくなることもあります。トラブルが起こることもあります。配置した部門のメンバーは、障害者雇用の専門家ではありません。正直なところ、わからないことだらけでしょう。

車椅子ユーザーの方など、配慮すべきことが比較的わかりやすい障害なら、対応の仕方もある程度わかる人も多いことでしょう。ところが精神障害となると、目で見てわかる障害ではないので、何をどう配慮すればいいか、わからない人が多いのです。そんな中、急に「はい！　あなた担当ね」と言われると、戸惑うことも多いと思います。自分なりに一生懸命やっていてもうまくいかず、上司に相談してもなんの対応もしてもらえないこともあります。なぜなら、上司もわからないから丸投げにしてしまうのです。あるいは、上司と教育担当者の2人で抱え込んでいるということも起こります。そして、対応法がわからないまま日が経ち、解決が困難な状態になっているということがあるのです。

ケース8　教育担当者が一人で抱え込み疲弊する

障害の特性として、ミスの多い人がいました。教育担当者がどれだけ丁寧に教えてもミスがあります。ダブルチェックを念入りにしてミスをカバーしていると、内心「自分でやった方が早いわ」と思うこともあります。それでもなんとかやっていましたが、とても忙しかったときにミスを見逃してしまいました。他部署と連携している仕事だったため、他部署から指摘を受けて気づきました。教育担当者も「気をつけていたのに見落としてしまった」と、落ち込んでしまいました。

ミスが多くてフォローしきれないことを上司に相談したところ、「悪いけど、がんばって見てあげて」と言われるだけでした。そんな折、またミスを他部署から指摘され、叱責されてしまったのです。「自分の仕事だけでも忙しいのに、ダブルチェックと修正に時間を取られて残業も増えるし、何回も怒られるし、もうしんどい……」と、仕事が憂鬱になってきました。

このケースの場合、下手すると教育担当者が不眠になったり、抑うつ状態になったりしかねません。あるいは、モチベーションが下がり、退職に至ることもあり得ます。

これは、一人で抱えていたケースです。そもそも、その仕事がその障害者に合っていない可能性もありますし、やり方を少し変えるだけで改善できたかもしれません。ところが、教育担当者は障害者サポートのポイントがわからないことも多いので、問題が解決されないままになったりします。

ですので、人事や障害者雇用担当者がいつでも介入できる状態にしておくのが良いでしょう。最近の様子を配属部門に確認するなど、丸投げにしないサポート体制にしておきたいものです。もし、うまくいっていないようであれば、支援者に連絡・相談すると、面談に訪問してくれたり、アドバイスをくれたりします。

採用したら終わりではありません。そこから定着のためのサポートをチームでしていきましょう。現場任せにしない！　ということを肝に銘じておきましょう。

リスクと失敗を乗り越える

「手間はかかるし、難しそうだし、うまくやれる自信がない」と思われているかもしれません。でも、大丈夫です。場数を踏めば、必然的に身についてきます。感覚的にわかるようになるのです。どんなことでも、一度マニュアルを読んですぐに完璧にできるようになるのは難しいですよね？　やっていくうちにできるようになっていくものです。それと同じで、精神障害者雇用もやっていくうちに感覚が掴めるようになるのです。感覚を掴むための最短の方法をお伝えしたつもりです。

私はこれまで2000人以上の方のカウンセリングをおこない、就職・復職・定着に向けて実践してきました。いろいろやってみては、「うまくいかなかったなぁ」「もっとこうしておけば良かった」と思うことがたくさんありました。トラブルが大きくなり、「訴えてやる！」と言われることもありました。実際、弁護士やハローワークに相談に行かれ、問い合わせが入ったり、ご家族が怒って職場に来られたり、ということもありました。うまくいかないことが起こるたびに、問題の原因と対策を考え実践してきました。障害特性による課題の分析と対策については、ずっと考え続けて実践してきた結果、得意になりました。とは言え、まだまだ完璧ではなく発展途上です。この分野に完璧はありませんので、永遠に発展途上かもしれません。障害のある方と接する機会の多い人は、私と同じように発展途上であっても、場数を踏んで対応できるようになった方も多いことと思います。とにかくやってみて、うまくいかなければ支援者や専門家を巻き込んで対応していけば、これまでより見えてくることがあるでしょう。

今の目標は、法定雇用率の遵守かもしれません。法定雇用率遵守のために、いろいろ配慮が必要だと考えると、「やってられない」と思うかもしれません。でもその先に、誰もがイキイキと働ける会社にできるとしたら、どうでしょう？

場数を踏むと、対応のしかたが自然と身についていきます。そのスキルはメンタル不調社員の対応にも活かせますし、メンタル不調者を防ぐことにも活かせます。社内のメンタル不調者が少ないということは、それだけ高いパフォーマンスでイキイキと働いている社員が多いということではないでしょうか？　それは企業の発展にもつながるでしょう。

第7章

精神障害者が辞めない組織の未来

確実に離職率は下がる

精神障害者が辞めない職場環境をつくれているということは、働きやすい職場環境になっているということでもあります。精神障害者のいる部門だけでなく、いない部門でも、同様の職場環境にすれば、確実に社員がメンタル不調になりにくい環境になっていくはずです。

精神障害者の場合、治っているように見えても、症状が落ち着いている「寛解」の状態であるため、症状が再燃しやすいと言われています。そのような人でも安定して働ける職場環境なら、障害の有無に関わらず、すべての社員にとって働きやすい職場環境と言えるのではないでしょうか？　精神障害者が辞めない職場環境を全社でつくっていけば、メンタル不調の社員は減るでしょう。

私が障害者雇用をおこなう職場では、障害者の入社後2年の定着率は100%でしたが、99%に下がったことがあります。それでもわずか1%しか辞めていません。新卒新入社員の2年の離職率は20%を超えると言われていますが、定着が難しいと言われる精神障害者の離職率の方がずっと低くなるのです。離職した１％の人は、採用時に障害があることを会社に開示しない、いわゆる「障害クローズ」で入社され、あとあと障害者だと気づいたため、必要な配慮ができなかった方などです。障害クローズで入社されているくらいなので、あまり障害には触れて欲しくないかなと思い、こちらもあまり積極的に関わらなかった結果、知らないうちに退職されていました。障害クローズだからと関わることに遠慮してしまいましたが、もっと積極的に関わっていれば、もしかするともっと長く勤められていたのかもしれません。

本人は体調が安定していれば障害を会社に開示したくないという気持ちは理解できます。ところが、障害を開示して働く、いわゆる「障害オープン」の人より、「障害クローズ」の人の方が結果的に離職率が高くなるので、障害をオープンにして働く方が良いのではないかと思います。余談ですが、私が福祉業界にいたとき、「障害クローズ」で就労支援をしていたときがありました。当時は、その方が就職しやすいと思っていたからです。でも今なら、長く働いていけることを考え、「障害オープン」にして就労支援をするべきだったなぁと思います。

障害をオープンにして働く方が「モニタリング→声かけ→調整」をして手厚く配慮するので離職率が低いのですが、新卒の新入社員にはそこまでしていないので、離職率が高い原因の一つと考えられるでしょう。新卒新入社員に相談役をつけ、相談しやすい環境にすると離職率が下がった企業もあるのです。「話しても何の解決にもならない」と言う人もいますが、話すだけで落ち着くことも多いので、話す機会があるというのはとても大切です。また、直接声をかけるような関係性ではない場合、その人の身近な人に「あの人、最近元気がないけど大丈夫かな？」と話すなどして、その身近な人に気にかけてもらう方法もあります。

障害者だから配慮するというのではなく、障害の有無に関わらず、すべての社員に「モニタリング→声かけ→調整」を活かしていけば、離職率は下がるのではないでしょうか？

従業員のメンタルヘルス対策の難しさ

「精神障害者の離職率に課題はないけど、メンタル不調の社員が増えて困る」という企業の方もいるかもしれません。それは、「精神障害者には配慮しているけど、障害のない社員には配慮しない」ということが起こっている可能性があります。一般社員にも精神障害者と同様に、お互いを思いやり、配慮をする環境にすれば、心を病まずに済む人が増えるのではないでしょうか。きれいごとを言っているように聞こえるかもしれませんが……。

みなさんの会社では、メンタルヘルス対策に取り組まれていると思いますが、なかなかうまくいかないと感じている方も多いのではないでしょうか。

2015年12月にストレスチェック制度が施行されました。ストレスチェック制度は、定期的にストレス状況の検査をおこない、自らのストレス状況を把握すると共に、ストレスの原因となる職場環境の改善につなげるためのものです。ストレスにさらされているという自覚はあっても、どんなストレスにどの程度さらされ、どんな影響が出ているのかまでは、自覚していない人が多いものです。そのため、本人がストレス対処を何もせず、ストレスにさらされ続けていることもあります。「ストレスチェック制度が義務化され、やらないといけないからやっている」という感覚の方もいるかもしれませんが、社員のストレスチェックの結果を見て、ギョッとすることはありませんか？

正直なところ、私はありました。

ケース9　指示をしても業務量を減らせない人

ストレスチェックの結果、明らかに「あぶない」と思うストレス状況の社員がいて、残業もとんでもなく多く、こっそり会社に泊まって仕事をしているようでした。

残業を減らすよう本人や上司に言い、人員を増やし、担当業務も減らしました。ところが、上司が「やらなくてもいい」と言った仕事も、本人がやらないと気が済まないのか、手放そうとしません。担当業務を他の人に変更して業務量を減らすと、これまでしていなかった優先順位の高くない業務に手をつけ始めたりして、業務量が多いままの状態を維持しようとする傾向がありました。一向に残業が減る気配はなく、どうすればいいか困っていました。そこにストレスチェックで最悪の結果が出て、予想通りでしたが、「何かあれば労災だな……」と思っていました。だからと言って、「どうすればいいかわからない」と、当時は思っていました。

このケースの対処法が、今ならわかります。

①本人がストレス状況を把握して、対処すること

②会社がストレス負荷が強くかからない環境にすること

この2点をどちらか一方ではなく、両方を並行してやるとうまくいくのです。

このケースでは、本人がストレスに対処しようとしていないことや、残業しているのを放置して上司が先に帰ってしまうことが問題だったと思います。一定の時間になったら帰らせる対策は必要だったと思います。今の私なら、もっと切り込んで対策をおこなっただろうと思います。

ストレスに真正面からさらされ続ける人がいます。ストレスを軽減するためのアクションや、気分転換など、ストレス対処を十分におこなわないと、いつか心身がもたなくなります。ですので、本人がきちんと自覚して対処することはとても重要なのです。

その点、精神障害者は就労移行支援事業所などで、ストレスの原因と対策、心身に不調が出たときの対処法をしっかり学び、訓練している人が多いので、①に関してはできるようになっている人が多いです。問題は、隠れた不調を抱える一般社員の方かもしれません。ストレスチェックの結果が「高ストレス者」で、申し出た人のみ産業医など医師による面談の実施が義務づけられていますが、それだけでは十分ではありません。「高ストレス者」であるかどうかに関わらず、職場にストレス要因があると感じていて、心身にストレス反応がある人には、上司が面談をするなどしてストレスを軽減するサポートをすると良いでしょう。その積み重ねが、②の職場環境を調整することにつながります。

ストレスチェックの結果は、モニタリングで得られる以上の情報が得られ、その結果をもとに面談をおこなうと、ストレスの核心に触れる機会になり、ストレス要因に対して調整する機会ができます。でも、ストレスチェックをおこなうのは年に1回だけです。だからこそ、普段から「モニタリング↓声かけ↓調整」が必要なのです。

昔の私は、なんとか「モニタリング↓声かけ」まではしていても、「調整」が弱かったなぁと思います。残業しないで早く帰るように言っても、仕事があるので責任感の強い人は帰れません。人を新たに配置しても残業が減らないのは、そもそも業務内容や業務量をきちんと把握できていなかったのです。時間管理が苦手だった可能性を考えると、きちんと業務内容を把握し、優先順位をつけ、細かくスケジューリングをサポートすると良かったと思います。

「モニタリング↓声かけ」まではできるようになる人が多いですが、その先の「調整」は、ある程度、場数も必要です。いろいろやっていくうちに、その人に合った調整ができるようになります。手間がかかり、面倒なように感じるかもしれませんが、これができるようになると、精神障害者だけでなく、メンタル不調の未然防止にもつながりますし、対応に困っているメンタル不調者への関わり方がわかるようになるのです。

働きやすい制度の導入で職場環境を良好にする

②の「職場環境の調整」について、制度としてもさまざまな取り組みを進めて欲しいと思います。

○時間単位で取得できる有給休暇

精神障害者だけでなく、不眠やメンタル不調があると、精神科や心療内科に通院することもあるでしょう。土曜日など休日に済ませられればいいのですが、平日でないと難しいこともあると思います。その点、時間単位で有給休暇を取得できれば通院しやすくなります。1日や半日単位でしか休みが取れないと、受診のタイミングが遅れ、メンタル不調を悪化させてしまうということも起こりかねません。これは、他の診療科でも同様のことが言えます。時間休で、適切なタイミングで受診できれば、社員の健康管理に役立つのではないでしょうか？

○ 時短勤務の導入

育児や介護をしている人には時短勤務が導入されていると思いますが、この理由に限定するのではなく、すべての社員が希望すれば時短勤務ができるようになればいいなぁと思います。精神障害者の採用のところでお伝えしていますが、勤務に柔軟性があることは、すべての社員にメリットがあると思います。

メンタル不調による休職から復職する際、主治医が「短時間勤務からなら就労可」という見解を述べることも多いのですが、「短時間勤務なんてないよ〜。フルタイムで働けないと復職させてもらえないんですけど〜」と、リワークカウンセラーをしていた頃に、企業の制度と主治医の見解の間で困っていました。当時は、企業の制度に合わせられるよう支援をしていましたが、そもそも企業側が主治医の見解に合わせられる制度にしておけると良いですね。

○ 時差出勤の導入

これも育児や介護をしている人には認めているという企業があります。保育園の送迎がある場合、通勤時間をずらすことができれば便利です。精神障害者の中には、人混みがどうしても苦手で通勤ラッシュの電車に乗れない人や、薬の関係などで朝早いのがつらい人がいます。障害の有無に関わらず、人混みが苦手、朝が苦手という人もいるでしょう。そのような人には、時間をずらして通勤できるとストレス要因が減ります。

○テレワークの導入

コロナ禍にテレワークが急速に普及しましたが、最近ではコロナ前のように出勤する企業が増えました。テレワークは、通勤に費やす時間や体力が節約でき、職場にいるより肩の力を抜いて仕事ができるメリットがあります。一方で、コミュニケーション不足になりがちであるデメリットがあります。精神障害者雇用においては〝コミュニケーション不足にならないようにする〟ことは、とても大切です。そのため、１００％テレワークにすることはあまりお勧めしませんが、週１～２日程度はテレワークを導入すると、テレワークのメリットを程よく活かせるのではないかと考えています。

これは、程よく力を抜きながら体力を節約するための方法であり、精神障害者やメンタル不調者の「体調が悪いからテレワークにする」ための方法ではありません。体調が悪いからという理由でテレワークにすると、それが習慣化され、出社が難しくなる可能性があります。ある程度の緊張感も必要なのです。この目的の違いを認識していただき、テレワークの導入を検討いただければと思います。

このように、柔軟に勤務できる制度が導入できると、働きやすい職場環境になるでしょう。加えて、障害者相談窓口を設けておくと、上司に言いづらいことや、社外の人では対応できないようなことを相談する機会ができ、安心感につながるでしょう。

精神障害者への対応力をみんなで身につける

いわゆる〝面倒見の良い社員〟は、「モニタリング→声かけ→調整力」が身についているのでしょう。面倒見の良い社員の近くに精神障害者を配置すると、就労が安定するように思います。ところが企業なので、その〝面倒見の良い社員〟が異動になったりしていなくなると、体調を崩し始めることがあります。そうならないために、人事異動の際に、〝面倒見の良い社員〟、いわゆる対応力のある人が近くにいるよう配慮して異動を検討すると、精神障害者の安定就労に効果的かもしれません。

しかしながら、この方法はあくまでも一時的な対策として捉えていただきたいと思います。と言うのも、特定の社員に依存していることになるからです。対応力のある特定の社員の周りだけ、精神障害者が安定し、メンタル不調者が減るというのは、目指すべきゴールではありません。全社で対応力のある社員を増やすことが目標です。そのためには特定の部門や、特定の社員の周りだけで雇用するのではなく、様々な部門で精神障害者を雇用すると、関わる社員が増え、対応力を身につける機会になるでしょう。

大企業では、特例子会社を作ったり、障害者を配置するための部署を作ったりして、障害者を集めて配置する方法を取ってきました。次のステップとして、D E & I の観点からも様々な部門に配置し、全社で対応力を身につけましょう。

チーム力向上、絆の強い組織へ

社員数の多い企業ほど、多くの社員に障害の理解浸透をすることは難しいかもしれません。精神障害者に対する対応力については、雇用することで必要に迫られ、関心をもつ機会ができます。この機会を逃すことなく、少しずつ理解を示し、対応ができるような社員を増やしましょう。

対応力のある社員が様々な部門に広がれば、精神障害者の安定就労だけでなく、メンタル不調社員の未然防止や減少につながっていくでしょう。希薄でドライな人間関係ではなく、他者を思いやり、気遣いの輪が広がっている会社は、発展するのではないでしょうか。なぜなら、そのような会社はチーム力が高いからです。チームで課題に挑むと、パフォーマンスが上がりますよね？　チーム力を上げるのは難しいことですが、「モニタリング↓声かけ↓調整力」が身についたメンバーが集まれば、チーム力が勝手に上がってくるのです。そして、絆の強いチームや部門が広がれば、絆の強い組織になっていくでしょう。

対応力が会社を変える、社会を変える

「モニタリング↓声かけ↓調整力」が身についた社員が増えると、さらに素晴らしいことがあります。それは、社内だけでなく、社会全体のダイバーシティの実現につながるということです。

社内においては、精神障害者雇用をきっかけにメンタル不調者を減らすことが可能になります。社内のメンタル不調者を減らすことができる企業が増えれば、社会全体のメンタル不調者が減るでしょう。また、個々人が対応力を身につけられれば、社内だけでなく、

家庭などプライベートにおいても力を発揮することができます。

家族や友人・知人などが精神科や心療内科に通院している、という人は多いのではないでしょうか？　対応力さえ身につけられていれば、プライベートで関わる身近な人のメンタル不調にも、ある程度対応できるようになってきます。家族や友人だからこその難しさというのはありますが、どんな対応が必要かを理解できているだけで、対応は全然違ってきます。対応力があっても家族が精神障害になることはもちろんありますが、対応力があると本人の安心感が違い、回復が早くなることも多いものです。

私の家族も抑うつ状態のときがありましたが、早々に回復しました。社内だけでなく、プライベートで関わる人のメンタルケアもできる人が増えると、社会全体のメンタル不調者が減るのではないでしょうか？

今、みなさんが取り組もうとされていることは、法令遵守のみならず、会社を変え、社会を変え、家族を守ることにもつながるのです。

精神障害者雇用をきっかけに、誰もが自分らしく働いて生きていける社会にしましょう。そんな思いで取り組んでいただけると、うれしく思います。

あとがき

２０２３年に雇用率の改正が決定されましたが、その時点で私が「雇用率は２．７％以上（２０２６年７月の法定雇用率引き上げ後の数値）をキープしている」と発言すると、企業のみなさんの食いつきのすごいこと！　質問攻めになり、みなさん困っているんだなと痛感しています。きっと世の中にはそんな経営者や障害者雇用担当者がたくさんいるはずだと思い、本書を出版することにしました。みなさんのお悩みに少しでもお役に立てたなら、うれしく思います。

様々な働き方が増えたとは言え、まだまだ「名門大学を卒業し、安定企業や行政に就職してキャリアを積む」道を理想としている人が多いように思います。そのため、その道に乗れなかった人や、キャリアを積んでいても精神障害により休職や退職をすると、「社会から脱落した」と感じてしまう人がいるのだと思います。

子どもが不登校だと、子どもの将来を憂いて不安になる親が多いものです。なぜなら、「学校を卒業し、就職して、キャリアを積む」道から外れそうだからではないでしょうか？

私が就労支援をしていたとき、病気や障害のある人、長期間働いていない人、実家のサポートを受けずに乳幼児を育てているひとり親家庭の人、前科のある人、不登校などで中卒の人、天涯孤独で身元保証人のいない人などは、就職に苦労されることが多かったです。なぜなら、企業が積極的に採用しないからです。私も積極的に採用しなかったうちの一人でした。福祉業界に転身してはじめて、企業がより良い人材を採用しようとする背景に、社会から排除されてしまう人が大勢いるということに気づきました。

社会が厳しいと初めて思ったのは、学生の頃でした。友人が両親を亡くし、頼れる親戚もなく、大学に行きながら学費と生活費を稼がないといけなくなりました。その後大病を患い、経済的な理由で大学を中退しましたが、学歴、健康、身元保証人のいないことが就職活動の障壁になっていました。社会は彼女のような人を排除してしまうのです。

前科のある人の再犯率が高い理由の一つに〝就職が難しい〟ということがあります。私が支援してきた人の中には、前科が発覚したため不採用になった人がいます。罪を償っても永遠に「社会の扉」が開かないのです。企業側の心情は理解できるのですが、多様な人たちを包括する社会はまだまだ遠いなぁと思います。

企業のみなさまには、様々な背景の人にチャンスをあげて欲しいと思います。先に述べた、就職に苦労している人たちの採用枠を作ってみるのはいかがでしょうか？　ほんの少しの採用枠でも、多くの企業が取り組むことで、「社会の扉」は大きく開くと思います。〝社内〟の多様性尊重だけでなく、〝社会全体〟での多様性の尊重、DE&Iを目指せるとステキだと思いませんか？　子どもたちの未来のために、そして私たちの未来のためにも、そんな社会を創っていきたいと思います。

最後に、本書を出版するにあたり、夫の祐司には背中を押して（はっぱをかけて？）もらい、家事までサポートしてもらいました。家族の理解やサポートがあったからこそ前進することができ、感謝しています。そして、出版に関わってくださったみなさま、応援してくださったみなさま、ありがとうございました。この本が社会のお役に立てますように。

著者プロフィール

田村倫世（たむらみちよ）

精神障害者雇用支援コンサルタント
精神保健福祉士、公認心理師、キャリアコンサルタント

中小企業で11年にわたり人事を経験。うつ病など精神疾患による休職者や退職者の対応に苦慮した経験から資格を取得し、カウンセラーに転身。精神障害者、生活困窮者、長期離職者など延べ2000人以上に、就職・復職・定着支援カウンセリングをおこなう。
また、当事者だけでなく、精神障害者を雇用する企業延べ50社以上にコンサルティングを実施。当事者と企業の両方をサポートすることで、就職率・復職率は常に90％を超える。このノウハウを企業で活かすべく、大企業の障害者雇用担当に転身。障害者雇用領域を改善し、雇用率の達成と共に、入社後2年の定着率を99％にする。誰一人社会から取り残されることなく、すべての人が自分らしく活躍できる社会の実現を目指す。

ブログ：https://ameblo.jp/social-incl

X：http://x.com/michiyo_tamura

※ 本書の事例は、実例をもとに一部変更しています。
※「障害者」「一般社員」などの表現は、区別しているようであまり使いたくないのですが、本書では読みやすくするためそのような表現を使っています。

今《いま》どき会社《かいしゃ》がうまくいく 精神障害者雇用《せいしんしょうがいしゃこよう》
法定雇用率達成《ほうていこようりつたっせい》！メンタルヘルス環境《かんきょう》も整《ととの》う

2024年9月24日　初版第1刷

著　者／田村倫世《たむらみちよ》
発行人／松崎義行
発　行／みらいパブリッシング
〒166-0003 東京都杉並区高円寺南4-26-12 福丸ビル6F
TEL 03-5913-8611　FAX 03-5913-8011
https://miraipub.jp　E-mail: info@miraipub.jp
企画協力／Jディスカヴァー
編　集／小根山友紀子
ブックデザイン／池田麻理子
発　売／星雲社（共同出版社・流通責任出版社）
〒112-0005 東京都文京区水道1-3-30
TEL 03-3868-3275　FAX 03-3868-6588
印刷・製本／株式会社上野印刷所

ISBN978-4-434-34609-5 C0034